文庫

隣のアボリジニ

小さな町に暮らす先住民

上橋菜穂子

筑摩書房

目次

読者の皆さんへ

この本には、多くの人々が登場します。彼らには、こういう本を書いてよい、という許可をいただいていますが、プライバシーに関わる描写が多々ありますので、登場人物の名前はすべて仮名にしました。

また、「部族」という用語は、アボリジニ自身が語っている場合を除いて、すべて「伝統集団」という語に置き換えています。「伝統集団」というのは私の造語で、「自分たちの領域」と考えている地域に暮らし、固有の言語と文化を共有してきた集団という意味です。

そういう集団を部族というのではないの？　と思われるかもしれませんが、「部族（tribe）」という用語は、アボリジニ自身の用語ではありませんし、この言葉自体に、「野蛮なやつら」というようなイメージを含んでしまっていますので、ステレオタイプ（多くの人たちが無批判に共有してしまっている、判で押したような、紋切り型の）のイメージを助長しないために、できるだけ使いたくないのです。

アボリジニ自身の語りを生かした部分にのみ「部族（tribe）」という語を残したのは、彼女らが、英語の「部族（tribe）」という語を、自分たちの伝統的な集団という意味で使っている実態を示したかったからです。ご了承いただければ幸いです。

隣のアボリジニ　小さな町に暮らす先住民

オーストラリア
ダーウィン
ノーザン
テリトリー
中央沙漠地域
西部沙漠地域
アリススプリングス
クイーンズランド
グレートバリアリーフ
カナーボン
ウェスタン
オーストラリア
ジェラルトン
パース
サウス
オーストラリア
ブリスベン
ニューサウス
ウェールズ
シドニー
アデレード
ヴィクトリア
メルボルン
タスマニア

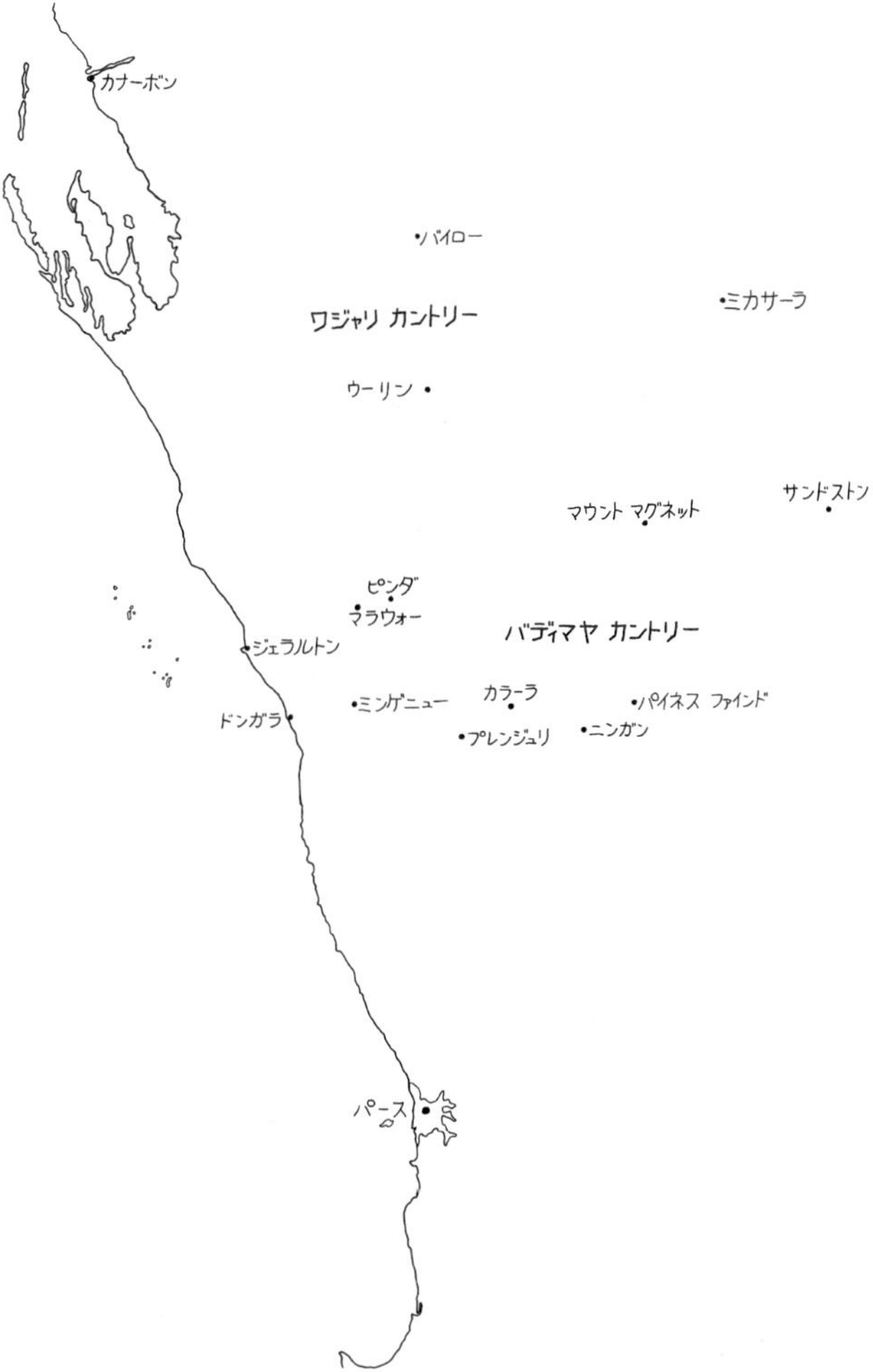
カナーボン
バイロー
ミカサーラ
ワジャリ カントリー
ウーリン
サンドストン
マウント マグネット
ピンダ
マラウォー
バディマヤ カントリー
ジェラルトン
ミンゲニュー
カラーラ
パイネス ファインド
ドンガラ
プレンジュリ
ニンガン
パース

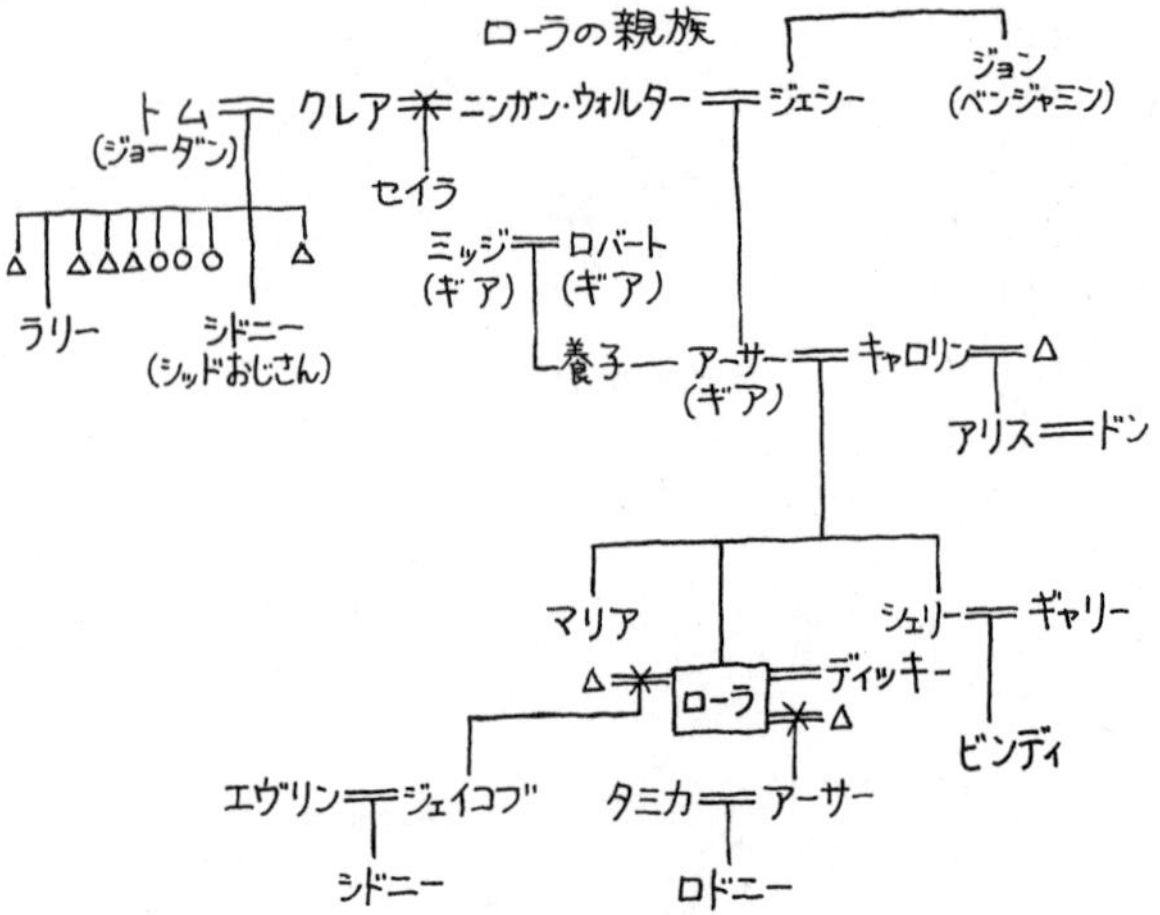

ローラの親族
トム（ジョーダン）
クレア
ニンガン・ウォルター
ジェシー
ジョン（ベンジャミン）
セイラ
ミッジ（ギア）
ロバート（ギア）
ラリー
シドニー（シッドおじさん）
養子
アーサー（ギア）
キャロリン
アリス
ドン
マリア
シェリー
ギャリー
ローラ
ディッキー
ビンディ
エヴリン
ジェイコブ
タミカ
アーサー
シドニー
ロドニー

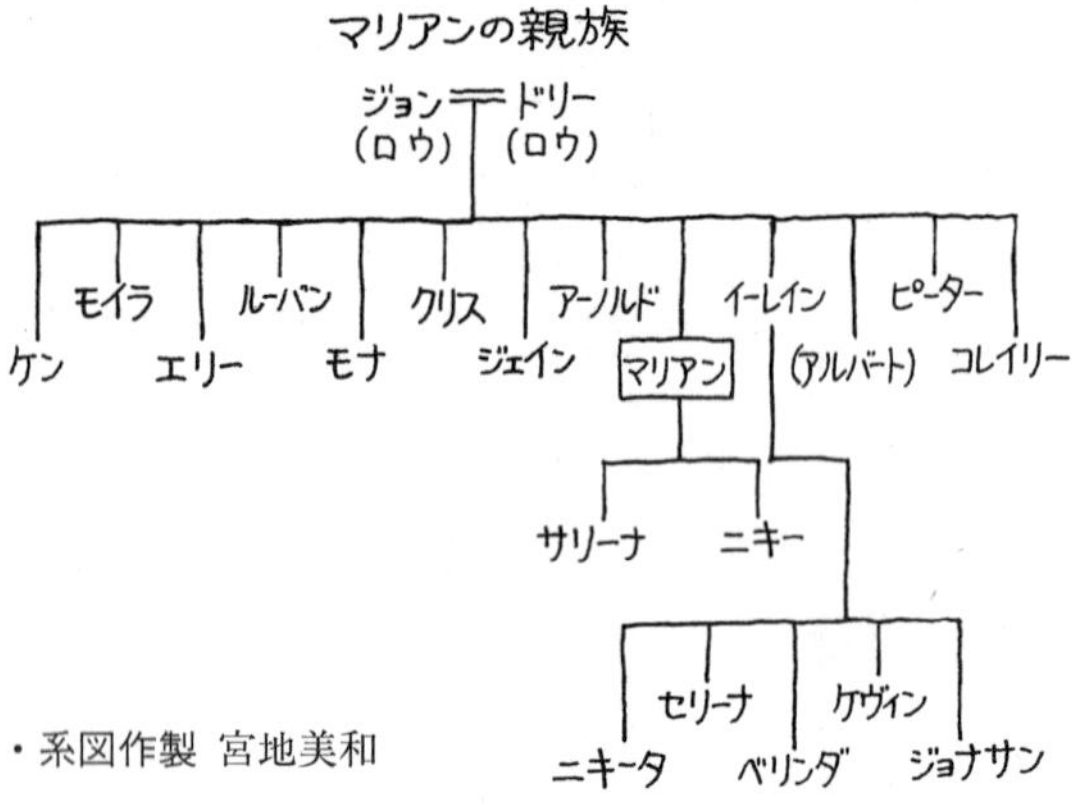

マリアンの親族
ジョン（ロウ）
ドリー（ロウ）
ケン
モイラ
エリー
ルーバン
モナ
クリス
ジェイン
アーノルド
マリアン
イーレイン
（アルバート）
ピーター
コレイリー
サリーナ
ニキー
ニキータ
セリーナ
ベリンダ
ケヴィン
ジョナサン

地図・系図作製 宮地美和

序章　先住民は遠きにありて思うもの……？

「観光？」

タクシーの運転手さんが、信号待ちの間をもたせるように言葉をかけてきました。

「いいえ。調査に来たんですよ。アボリジニについて学んでるんです」

「へえぇ！」。運転手さんは口笛を吹きそうな調子で驚いて、ちらっと私の顔を見ました。

「で、どこで調査してたの？」

「主に、西オーストラリアです。ジェラルトンって、知ってます？」

「名前だけね。港町だろ、西海岸沿いの」

「ええ。あそこを中心に、内陸の方をまわってました」

信号が青に変わると、運転手さんは乱暴にギアを入れて走りだしました。

「でも、アボリジニの調査なら、北の方とか、沙漠の方がいいだろ。アボリジニの研究をするんなら、本物がいる所へ行かなくちゃ。おれは、しばらくダーウィンで働いてたことがあるんだよ。あそこにいるアボリジニたちは本物だからね。純血のさ。おれも、彼らはすごく興味深い人々だと思うよ。彼らの描く絵なんて、なかなかすごいと思うしね」

そこでちょっと黙ってから、運転手さんは、また、ちらっと私を見ました。

「だけど、町にいる連中は、ありゃダメだね――クズだよ。やっかいごとの種だ。人種偏見だって言われそうだけど、これは本音だよ」

根がやさしい人なのでしょう。気を悪くするなよ、というように彼はちょっと肩をすくめてみせましたが、気を悪くするどころか、こういう話を聞きたくて、私は「観光か?」と聞かれるたびに、いちいち「アボリジニについて学んでいる」と答えていたのです。

運転手さんが気楽に応じてくれる、もしくは外国人である私に本当のところを教えてやろうとする言葉は、へたなアンケート調査で出てくる回答より、ずっと面白いからです。

「いやぁ、おれたち白人は、アボリジニにつくづくすまないことをしたと思ってるよ。

植民地にした時に、ひと思いに皆殺しにしといてやれば、いま、あんなふうに苦しむこともなかったろうと思ってねぇ」

と、半ばジョーク、半ば本気といった表情で言った運転手さんもいました。

私は、「人種偏見は悪だ」と、すっきりと言いきる思想を足場にして考えるより、むしろ、ジョークに紛らせながら出す本音、「ひどいことを言う奴だな」と、それに腹を立てながらも、どこかで怒りきれないものを感じるというような反応に現れる、複雑で、くるくる変化する意識の方に、どうしても心を惹《ひ》かれてしまいます。

ですから、この本は、「アボリジニは、こんなひどい事をされてきたのだ。現在も、こんなひどい仕打ちを受けているのだ」というようなテーマでは書くまいと思っています。その視点だけに囚《とら》われていては見えないことが多過ぎるからです。——苦い後悔をこめて白状すれば、そう思うようになるまでに、ずいぶん時間がかかってしまったのですが。

もともと私がアボリジニに惹かれたのは、この現代に、貨幣経済や物質文明とかけはなれた文化を、多少なりとも維持しているという、その「異文化性」と、「自然の民」のイメージからでした。……つくづく赤面ものの発想なのですが、つまりは運転手さんたちの言う「本物の」アボリジニのイメージに惹かれていたわけです。

当然、北部や沙漠に住んでいる「本物」のアボリジニのコミュニティに住み込みたいというのが当初の願望だったわけですが、そういうコミュニティに入るつてを得ることは、一度もオーストラリアに行ったこともない大学院生には、なかなか難しいことでした。

一九九〇年当時は、今と比べると日本で得ることができるアボリジニの情報は少なく、文化人類学の本格的な調査研究を行っていたのは国立民族学博物館関係の研究者たちを中心に、ほんの十数名に過ぎませんでした。そして、いかにアボリジニの研究が困難か、という類の話ばかり、よく耳にしていたのです。

アボリジニは、長い間人類学者の調査対象にされてきたために、「人類学者」に辟《へき》易《えき》し嫌悪している、とも聞かされていました。

「おまえらは、百年以上もわしらに同じ質問をして、まだ、わからないのか！」――と、アボリジニの長老に怒鳴られた（……まことに、ごもっともです）という話などを聞くにつけ、どうやって調査地に入ったらいいのか、どんなふうにアボリジニとの人間関係を作ったらよいのか。少ない情報に右往左往しながら、それを悩んでいたのです。

その時、光明を与えてくれたのが、大学の掲示板で見つけた、ある民間のプロジェクトの広告でした。日本人を学校の先生として海外に派遣し、人と人との交流によって「日本」について伝えていこうというもので、私には願ったりかなったりに思えたのです。

これをうまく利用すれば、「ふらりとやって来た正体不明の日本人」でも、「学術調査に来た、とエラソウに入ってくる研究者」でもなく、「小学校の先生」として調査地域へ入ることができる。しかも、「日本について教えますから、あなたがたについても教えて」と言えば、結構スムーズに納得されるのではないか……と、甘い期待を抱いたわけです。

唯一の心配は（英語能力の問題は別にして）、アボリジニが通っていない小学校に送られてしまったらどうしよう、ということでしたが、幸いにして一校、生徒の半数近くがアボリジニという小学校から募集が来ており、そこに派遣してもらえることになったのでした。

そこは、西《ウエスタン》オーストラリア州中西部の小さな町の、生徒数わずか十四人という小学校でした。そして、ここで出会った混血の（つまり、タクシーの運転手さんなどが「本物でない」と言った）アボリジニたちが、私の興味の方向を百八十度変えてしまったのです。

「アボリジニ」という名称は、英語の「aboriginal/aborigines＝原住民」という単語から来ています。特に頭文字を大文字のAにした場合は、「オーストラリアの先住民」を表わすのです。つまり、この名称は広大なオーストラリア大陸に植民してきたイギリス人が、この大陸に住んでいた肌の黒い人々を「原住民」[1]とひとまとめにして呼んだ、それがそのまま彼らの名称になってしまっていたわけです。

しかし、無頓着《むとんちゃく》にひとくくりにされてしまった彼らは、実際には二百五十以上（方言差を含めると六百以上）もの全く通じない言葉を話す集団に分れていました。長距離の交易等は行われていましたが、それでも、大陸の南西の端に住んでいた人たちが、北西の端に住んでいる人たちと「同じ民族だ」と思われているのを知ったら、びっくりしたことでしょう。

それは、いうなれば、イギリス人が、「日本人と韓国人は見分けがつかないから同じ民族だ」と規定してしまったというのと同じような、実に乱暴な話だったのです。

たとえば、私の調査地のアボリジニは、「ヤマジー（アボリジニ言語のひとつワジャリ語で「人」を意味する）」と自分たちのことを称し、周囲の地域のアボリジニからもそう呼ばれています。そして、「ヤマジー」と自分を称する人々の中に、さらに、「ワジャリ」「バディマヤ」など、異なる言葉と異なる居住領域をもつ集団がいるのです。

そして、イギリスの入植がはじまった後、大陸のどこに住んでいたかで、先住民たちの運命は大きく変わってしまいました。

大陸の中央部に広がる乾燥地域――有名な世界最大の一枚岩エアーズロックがある赤茶けた広大な沙漠地域や、『クロコダイル・ダンディ』の映画に出てきたような北部の亜熱帯地域は、入植当初のイギリス人にとって、農業や牧畜に向かない魅力のない土地でした。

ですから、そのような地域に住んでいた先住民たちは、白人と接触するのが遅くなり、現在でも自分たちの言語や文化をかなり守って暮らしているのです。

しかし、イギリス人が最も住みやすかった温帯の南部と海岸沿いを故郷としていた人々は早くから入植者と接触し、約二百年の間オーストラリア政府が実行してきた様々な先住民政策の波を、その都度もろにかぶって生きていくことになります。

そんな歴史を経て、植民者から押しつけられた「アボリジニ」という名称は、ある時は差別の徴《しるし》となり、またある時は、言葉が通じなくても住む地域が違っても、「アングロ・ケルト系オーストラリア人」（今後は「白人」とします）に対して『同じ先住民仲間だ」という自称として使われるようにもなっていったのです。

そして、「ヤマジー」もまた、植民地化以後に複雑な経緯をたどって、その意味が変化してきた自称です。もともとはワジャリ語で「人／男」を意味したこの単語を、いまでは、ワジャリだけでなく、バディマヤ、ナンダ、など、それぞれの言語集団名を名乗っていた人々も自称として使っているのです。その背景には、植民地化の波に翻弄され、自らの言語や伝統文化をもうあまり覚えていないアボリジニたち——それでも、「おれたちは、この地域をむかしから伝統領域にしてきたんだ」というアイデンティティを守っているアボリジニたちの存在があります。彼らが、他の地域のアボリジニに対して、「おれか？　おれはヤマジーだよ」というふうに名乗ることができる便利な自称として使うようになったことで、「ヤマジー」という名乗りは、この地域のアボリジニを指す名称として定着していったのです。

私が出会ったアボリジニたちは、そういうアボリジニ——百五十年もの間、白人の支配する社会の中で生きてきた人々でした。自分たちの言語を失い、白人社会の中に生きるアボリジニの生活とはどんなものなのか。その歴史が生み出した彼らの〈今〉を知りたいと思うようになったのです。

それから、足掛け九年、延べで約三年、オーストラリアで暮らすことになりました。同じ所へ毎年訪れるうちに、あっという間に九年が過ぎ、出会ったときは十歳のかわいい小学生だった男の子が、もう息子を腕に抱くようになっています。ゆっくりゆっくり仲よくなったアボリジニたちと、一緒に買い物をし、ぶらぶら歩き、食事をし、眠り、話をし……。そんな中で少しずつ見えてきたのは、地方の小さな町で、オーストラリア国民の主流である白人たちのお隣さんとして暮らすアボリジニの姿でした。

最近、世界各地の先住民――ネイティブ・アメリカン（インディアン）などは、環境問題への意識の高まりとともに、「自然環境を破壊することなく、自然と共に生きてきた野生の知性をもつ人々」として（多分に、「滅びゆく自然」のイメージと重ねあわせられながら）好感と興味と、少しの哀惜の情とともに注目されています。

狩猟採集で暮らす生活を、原始の生活のイメージと重ねあわせて、『こうあれたかもしれない、精神的に豊かな暮らし』を思うこともあるでしょう。そして、それを抑圧する「白人」のイメージを「自然を破壊しつくしていく近代文明」の代表イメージにして、近代文明の恩恵を受けて暮らす自らを断罪しようとするスタイルの文学や映画が、盛んに現れるようになりました。一九九〇年にアカデミー賞をとった『ダンス・ウィズ・ウルブズ』などがその好例でしょうし、私自身もそれに近い意識でファンタジーを書いたことがあります。

彼らの姿を描いているのか——それとも、自分が彼らに見たい理想像を描いているのか。

だれかの肖像を描く作業は、自分の目が見ているものを、なぜ、そう見えているのかと疑ってみる必要のある作業です。それに気づかずに描き出した姿は、いかに美しくても、いつしか人を見当違いの方向へと惑わしていくステレオタイプのイメージとして、固まってしまう危険を秘めています。

美しい哲学を体現する大地の民。白人に虐げられてきたマイノリティ……日常の生活とはかけ離れた、遠い所に暮らす異民族に、憧憬《しょうけい》と同情を抱くのは、たやすいことです。

けれど、もし、異民族が自分の隣近所に暮らしていたら……？　そうなると、事情は全く違ってきます。意外に知られていませんが、オーストラリアの場合、アボリジニ人口の多くを占めているのは、「遠い辺境の地に暮らすアボリジニ」ではなく、そういう、地方の小さな町や大都市で、白人たちのお隣さんとして暮らすアボリジニたちなのです。

狭い家に大勢がゴロ寝し、朝からビールをあおり、町の通りに、なにをするわけでもなくボーッとすわり、失業手当が出た日の夜は決まってケンカ騒ぎを起こす。車を盗んで、ぶっ壊し、国民の血税で保護されているくせに過去の歴史を盾に文句を言い続ける人々。多くの白人たちが、密《ひそ》かに（あるいは堂々と大声で）私に語った「隣のアボリジニ」の姿は、こんなイメージでした。

「先住民は遠きにありて思うもの。近くにいれば厄介者」というのが、本音だと言えるかもしれません。……そして、それは、ある意味で無理もないことでもあるのです。

ひとつの町で、異なる歴史と文化の背景をもつ「異民族」が一緒に暮らすというのは、決してたやすいことではありません。きれいな思想でかたづくことでもないのです（もっとも「きれいな思想」を信じる心がなくなったら、それはそれで恐ろしいことですが）。

オーストラリア連邦成立後の法制度で、「アボリジニ」がどのように定義されてきたかを追ってみた時、むずかしい法律用語の向こう側に見えてきたのは、主流国民（アングロ・ケルト系）の意識変化――自文化の論理を疑うことを思ってもみなかった人々が、次第に異文化の論理があることに気づき、自民族の利益を守ろうという実利的な意識と、二つの文化のどちらも尊重しようという理想の間を揺れ動いてきた姿でした。

オーストラリア政府の行ってきたことは、どの国の政府もそうであるように、批判されるべきものだらけです。しかし、その中に、きらっと光るものが見え隠れすることも、また事実だと私は思います。「多文化主義」「多民族の共生」。この二つの言葉は、今オーストラリアの理想として掲げられている言葉で、多くのオーストラリア人たちが、本当に感動的な熱意をもってこの理想を守ろうとしています。そして彼らは、この理想を守るというのがどういうことなのか、暮しの中で生々しく実感しつづけている人々でもあるのです。

この本では、地方の町で……白人のお隣さんとして暮らしているアボリジニの姿を描いてみたいと思います。それも、伝統文化を守ろうとしている人々ではなく、「自分はもう伝統文化は知らない」と思って生きているアボリジニに重きを置いて描こうと思います。

最後に、もうひとつ。この本を書くにあたって、私はこの本で描くことが過度に一般化されて理解されてしまうことを防ぐために、私――日本人の未熟な娘――が、どんな風に彼らと出会い、どんな事件を経て、どう彼らを理解していったのか、それが、きちんと見える形で語ることを心がけようと思っています。これからお話しすることは、あくまで私の体験という狭い窓から覗《のぞ》いた世界でしかないのですから。それでもなお、その窓から見える景色が新鮮な驚きを与えられたら……これ以上の幸せはありません。

第一章　地方の町のアボリジニ

セント・ジョセフ小学校の生徒たちと先生方。右から二人目がローラ。左端がパム校長。この中にアボリジニの子が六人いますが、すべてわかりますか？

1　どの子がアボリジニ？——最初の驚き

来し方を思い返して見れば、きっと誰でも、「あの時、あの人と出会わなかったら、今こんな風に生きてはいなかった」と思う出会いを経験しているのではないでしょうか。

いくつもの可能性を秘めた未来への岐路の、どの道を行くかを決める出会い——私にとって、ローラ・ギアとの出会いは、そんな出会いのひとつでした。

一九九〇年四月。私は、ミンゲニューという西オーストラリア州の小さな町に、小学校のボランティア教師として赴任しました。

美しい州都パースから、一号線を四百キロ程北にのぼったところにあるミンゲニューは、当時、町そのものに住んでいる人は四百人ぐらいだったでしょう。

二軒のお店、郵便局と小さな銀行、トラックの運転手たちが泊まる小さなホテルが一軒、あとは見渡す限り広大な牧場と農地とブッシュが広がり、一番近い隣町まで六十キロという、オーストラリアでは典型的な田舎町《いなかまち》でした。着いた当初は、ギャーギャー鳴きかわしながら、ザアーッと頭上を越えていく桃色《ガラ》インコの大群と、目や鼻や耳にしつこく入ってくるハエの盛大な歓迎に辟易《へきえき》し、「なんというド田舎。ここで三カ月も教師がやれるのかな……」と、かなり心細くなったものです。

私が学んでいる文化人類学は、「カルチャー・ショック」を研究方法のひとつとして使うという、面白い特徴をもっています。生まれ育った文化から（多くの場合一人で）ポーンと飛び出て異文化の中に飛び込み、そこでしばらくの間（数カ月のこともあれば、数年の場合もあります）暮らすことで、カルチャー・ショックを味わうフィールドワーク（現地調査）を、研究の重要な方法にしているのです。そんな方法をとるのは、「文化」というものが、あまりに当たり前過ぎて、ふだんはなかなか見えにくいものだからです。

文化人類学者が考える「文化」は、とても広い概念です。「生まれ落ちてから、学び、身につけていったこと」すべてが様々な形で考察の対象になりえます。どんな寝具で眠り、どんな服を着て、どんな物を食べるか。どんなやり方で子育てするか。ふだん人は、自分は「普通の生活をしている」と思いこんでいますが、それは、その人が生まれ育った「文化」の中で「普通」であるだけなのです。

あるオーストラリア人の友人が、初めて日本を訪れて、「びっくりした」ことを話してくれたことがあります。なにに驚いたか？……彼女は、立ち食い蕎麦屋《そばや》で、日本人がずるずる蕎麦をすすることに、鳥肌が立つほどの嫌悪を感じたのでした。

ご存知のように、オーストラリアや欧米等では、「音をたてて汁物をすする」のは、最低のマナーなのです。彼女は「蕎麦を音をたててすすること」に驚き、私は「へえっ、そんなことで鳥肌がたつのかぁ」と驚いた。私にとっての当たり前が、他の人にとっては当たり前ではない。そう気づいた瞬間の驚きを、さあっと頭の中の霧を吹き晴らす新鮮な風として使うこと。それがカルチャー・ショックを研究方法として使うということなのでしょう。

さて、ミンゲニューに話を戻しますと、小学校に赴任した最初の日に、私は、その後の研究の方向を決めることになった、大きなショックを味わうことになりました。

一九三二年にドミニコ修道会によって創設されたというセント・ジョセフ小学校は、白い木肌に緑の葉がそよぐ、年老いた大きなガムの木の木陰にあります。教室は、低学年用と高学年用の二つだけ。あとは、職員室兼図書室兼音楽室兼ナンデモ室である部屋が一つあるだけの、小さな小学校でした。教員は校長先生（パムさんというすてきな中年女性で、私は彼女の家に居候《いそうろう》していました）と、低学年を教える若い女性教師の二人だけ。

赴任初日、私はパムさんとともに朝七時に登校し、かすかに鉄臭い赤土の匂《にお》いのする風がゆるやかに吹きこんでくる教室で、子どもたちの登校を待っていました。

三十キロから五十キロも離れた農場に住んでいる子たちは、夜明けに起きてスクール・バスに乗るのだそうです。午前七時半過ぎに、町に住む子どもたちが登校しはじめると、パム校長は、子どもたちを戸口で迎えて、私を紹介してくれました。

子どもたちは初めて見る「日本人」にとまどっていましたが、私の方も、大いにとまどっていました……どの子がアボリジニか、わからなかったのです。

日本で手に入るアボリジニ関係の文献は読み、ある程度知識をもっているつもりでいました。混血が進んでいる人々がいることも、もちろん知ってはいました。けれど、まさか、こんな風に白人とアボリジニの見分けがつかないとは思ってもいなかったのです。

「浅黒い肌をしたこの子はアボリジニかな。日焼けしてるだけの白人なのかな……」

にっこり笑って握手をしながら、心の中では、せわしなくそんなことを考えていました。

やがてスクール・バスも着き、ほとんどの生徒が教室に入りました。たしかに、四、五人、はっきりとアボリジニだなとわかる子がいます。けれど、十四人中六人がアボリジニだと聞いていたのに、後の二人がよくわからないのです。子どもたちは楽しげに英語で話をしており、とくにアボリジニ、白人と分れて固まっている様子もありません。

教室の後ろから彼らをながめて、私は途方に暮れていました。

そこにいるのは、白人となんら変わるところのない、ごく普通の「オーストラリア人」の子どもたちに見えました。——私が、イメージしていた「自然の掟《おきて》に従って生きる、物静かな、黒い肌の人々」の面影など、まったくなかったのです。

「調査地域の設定に失敗しちゃったかな」。初日にして、そんな不安が胸を刺しました。

それにしても、一目でわかる肉体的な特徴——肌の色や容貌《ようぼう》の違いがなく、しかも言葉も英語だとしたら、いったい、なにが「アボリジニ」と「白人」を分けているのでしょう？　私にはわからない何かが、彼らには感じられるのでしょうか？　それとも、混血が進んでしまえば、両者の境目はなくなってしまうのでしょうか……。

ぼうっとそんなことを考えていると、パム校長が呼ぶ声が聞こえてきました。

「ミス・ウエハシ、ローラ・ギアに紹介したいから、こっちへ来て」

ふり返ると、白い朝の光を背負って、大柄な女性が戸口から入ってくるのが見えました。

黒に近い褐色の肌に、くるくると表情豊かに動く大きな瞳《ひとみ》。

「……はじめまして。会えてうれしいわ」

豊かな知性を感じさせる低くなめらかな声でそう言って、彼女は、ふわり、と軽く手を握りました。――それが、ローラ・ギアとの出会いでした。


ローラは当時三十四歳。十五歳と十歳の二人の息子がいました。長男のジェイコブは、全寮制中学校の生徒で、ミンゲニューには休日以外は帰ってきませんでしたが、次男のアーサーは、セント・ジョセフ小学校の五年生。目がくりくりっとした彼は、無口だけれど、実に頭のよい少年でした。ローラは、このかわいい次男が通う小学校で、「アボリジニの教師補助員（Aboriginal teaching assistant）」として働いていたのです。

アボリジニ生徒が学校になじめずに、落ちこぼれていく傾向にあるので、アボリジ

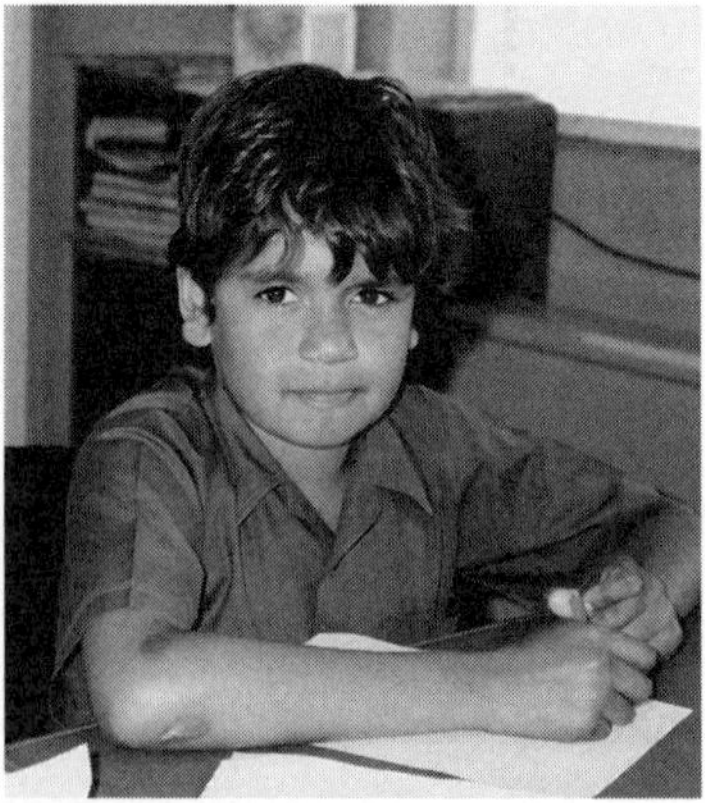

小学校の教室で勉強しているアーサー（ローラの次男）。1990年 10歳。

ニ生徒の親を教師補助員として雇うことで、学校に親しみを持たせるのが目的なのだとローラは説明してくれましたが、セント・ジョセフ小学校では、「アボリジニ生徒が学校に不適応を起こしている」様子など、まったく見えませんでした。

そのせいかどうか、ローラの仕事はいたってのんびりとしたもので、大きな色付きの模造紙に器用にドラゴンの絵を描き、ドラゴンが噴き出している炎の中に、「怖い」「恐ろしい」等の類義語をわかりやすい字で書き入れて教室に貼《は》ったり、教室の中で、先生が出した課題がわからない子の手伝いをしたりして、日々が過ぎていっているという感じでした。

職員室（兼ナンデモ室）で教材作りをしていると、開け放してあるドアからアボリジニたちが、ぶらりと入ってきては、勝手に紅茶を入れてローラたちとおしゃべりし、また帰って行きます。特に、ローラの妹のシェリーは一歳になったばかりの娘を連れて、よく職員室に遊びにきます。それを白人の先生方がとがめるということはなく、休み時間になれば、ごく自然な感じで一緒に話しながらお茶を飲んでいるのです。

ローラはよく気がつく人で、私がその輪の中に溶け込めるよう、つねに気を配ってくれました。――その気配りに気づくたびに、なんとも言えぬ後ろめたさを感じずにはいられませんでした。ローラは私を、「日本から、わざわざ日本文化を紹介に来た奇特な先生」だと思って気をつかってくれているわけですが、私には別の下心があったのですから……。

人の生活を観察しなくてはならない人類学というのは、ずいぶん失礼でお邪魔虫な学問だという気もちが常にあり、それが心の中で二の足を踏ませる足枷《あしかせ》になっていました。

ローラたちと職員室でコーヒーを飲みながら話しているときも、相槌《あいづち》を打って笑っているときも、頭の中では、彼女らの話を書きとめ、分析しているという二重性が、密《ひそ》かに彼女らをスパイしているようで後ろめたかったのです。かといって、自分が何者であり、何のためにここにいるのかを彼女らに話す勇気は出ないまま、五日が過ぎていきました。

このままこうしていても、成果はあがらない。彼女らはどこの言語集団の出身なのか。英語を話しているけれど、彼女ら自身の言語はどうなっているのか……。聞きたいことは山のようにあります。けれど、それらの質問——彼女らの、アボリジニとしての面を前面に引き出す質問が、彼女らを傷つけてしまう質問だとしたら?

表面上は、アボリジニと白人の対立は感じられません。子どもたちは、くったくなくまじりあって遊んでいますし、ローラとパムも仲の良い友人だということが感じられます。

けれど、町の中でも、アボリジニの家がある地域はまとまっているような気がしますし、アボリジニは、やはりアボリジニ同士でいる場合がほとんどのような気もします。複雑な感情が水面下に存在していたら、どんな一言が人を傷つけてしまうかわかりません。

彼らの文化を知りたいと思うのは私の勝手で、それを私が知ったからとて彼らには何の利益にもなりはしません。そんなことのために人を不愉快にさせるなんて最低の行為です。

夜、ベッドに横になると、深い静けさがおおいかぶさってきます。

こんなに遠くまで来て、私は何をしているんだろう。このまま日本を紹介する仕事だけを済ませて帰り、人類学などやめてしまおうか……。

そこまで考えて、ふと、自分の頭の中だけで回っている思考に振り回されて、極端な結論に逃げようとしているような気がしました。とにかく、まず自分がここへ来た理由を包み隠さずローラに話してみよう。その上で、彼女が質問を受けるのをいやがる雰囲気があれば、そのときこそ調査をあきらめよう。私が何を考えているかを知れば、私の前で話す話題も、聞かせてよい事だけにできるだろうし、一刻も早くそうすべきだと思いました。

翌日、ローラと二人きりになったとき、私はドキドキしながら話を切り出しました。

「私は本当は文化人類学を学んでいる大学院生で、アボリジニのことが知りたくて、ここに来たの。日本では、アボリジニのことを知るには本を読むしかないのだけれど、たとえば、アメリカ人が書いた日本人についての本が、日本人にとっては、なんだか変、という場合があるように、本では知ることができないことが、きっとあると思う。白人の文化とアボリジニの文化では、ずいぶん違うでしょう？　でも、アボリジニは白人の文化の中で生きなくてはならない。アボリジニはどう暮らしているんだろう？　それを、本から学ぶのではなく、自分でアボリジニに会って学びたくて、ここへ来たの」

ローラは穏やかな微笑を浮かべて、辛抱強く私のたどたどしい必死の告白を聞いていましたが、話し終えても、うなずいたきり、とくに返事はしてくれませんでした。

やがて、お昼を知らせる鐘がなりました。

いつものように、大きなマグカップに紅茶を入れてくれて、新聞などを渡してくれてから、ローラは自分も新聞を広げて読みつつ、サンドウィッチを食べ始めました。

そして、ふっと思いついたように新聞から顔をあげて、言いました。

「ナホコ、私の部族[2]の言葉、教えてあげようか？」

それが、第一歩だったのです。

2　伝統文化から遠く離れて――ミンゲニューのアボリジニの今

「私はね、バディマヤ（Badimaya）[3]なのよ。それが部族の名前」

「お父さんもお母さんもバディマヤ？」

「ううーん……。母さんはたぶんワジャリだったと思うけど、父さんはバディマヤだったから、私も子どもたちもバディマヤなのよ」

「そうすると、子どもは父親が属していた部族に属すのね？」

ちょっと考えてから、ローラはうなずきました。

「そうね。父親の部族に属すんだと思うわ」

「ミンゲニューは、バディマヤの土地なの？」

「ううん。バディマヤ・カントリーは、ミンゲニューより南だと思うわ」

「文献では、ミンゲニューは、ウィルカーディとか、アマングゥ、ウィディの土地だって書いてあるけど、そういう部族に属してる人も、ここには住んでいるの？」

「いいえ。ほとんどみんなバディマヤよ。少しワジャリもいるけど。でも、ウィルカーディなんて、聞いたこともないわ」

笑いながらローラは首をふり、新聞紙の余白に「minga＝ant new」と書きました。

「ミンゲニューっていうのは、アボリジニの言葉と英語を合わせて、「蟻《あり》（ミンガ）がいる新しい（ニュー）土地」という意味でつけられた地名だって聞いたことがあるわ。バディマヤの言葉も、父はすごく流暢《りゅうちょう》に話していたけど、私は単語しか知らないのよ。そのノートに書いてあげようか？」

ローラは私のノートに、「頭＝mugar」「足＝djinna」等の身体部分を表わす名詞や親族呼称「姉妹＝djidga/igoo」「義理の兄＝gubarri」、それから「ボーイフレンド／ガールフレンド＝mardong」「雨＝guddy yunder」「カンガルー＝marloo」「呪術《じゅじゅつ》師《し》／呪医＝jinnagubby/featherfoot」「狂ってる＝mugar thudaban」「鼻水が垂れてる鼻 moolya middy」等四十四語を書いてくれました。

文章として覚えている言葉は、「どこへ行くの？＝wondthala jinda bungaridi」「もっと食べるものが欲しい＝buntha gudi nugewa」等ほんのわずかで、動詞も、「見ろ！＝bullay!」等、数語だけしか知らないとのこと。

彼女が覚えていたのは、日常生活によく使うような、ごく身近な単語で、言語が失われていくとき、最後まで残るのは、こういうよく使う単語なのだなと感じました。

「ふだんの生活ではバディマヤは話さないんですか？」

「まったくね。このあたりには、ほとんど話せる人がいないのよ。父さんは、お祖母《ばあ》ちゃんと話すときなんかはバディマヤで話していたけど、私たちの世代はもう誰も話せないわ。私は好奇心旺盛《おうせい》で、「ひっついて聞きたがる子（sticky-beak）」だったものだから、父さんとお祖母ちゃんの会話を聞いていて、自然に単語を拾って覚えたんだけどね。息子のアーサーなんかも、お祖父ちゃんの膝《ひざ》で昔話を聞いてたから、少しはわかると思うけど」

「お父さんは、部族のしきたりや、言語を教えてくれなかったの……？」

ローラは、大きな目玉を表情ゆたかに、ぐるっと回して首をふりました。

「教えてくれなかったわ。……あのね、私の家族も他の人たちも、ここらのアボリジニは、もう「部族のこと（tribal things）」とは、ほとんど関わりがないのよ。――そういうことは、もう、ここで覚えている人は、ほとんどいないわ。お祖母ちゃんが教えてくれた、バディマヤ・カントリーの、昔の「法」(4)の話で覚えているのは、お葬式の話ね。バディマヤでは、誰かが死ぬと、女たちは、愛した人のために一部屋に集まって泣き喚《わめ》かなくちゃいけなかったそうよ。それから、アボリジニの霊魂を家から外へ出すために、煙で部屋の中をいぶさなくちゃならなかったの。死んだ人の名前は、その人に対する尊敬をこめ、二度と口にしてはならないのが「法」だったのよ」

死者の名を口にしてはならない、という慣習は、オーストラリア中のアボリジニに広く見出される慣習であることは文献から知っていました。

ローラは「尊敬をこめて」と言っていましたが、その後の調査でよく耳にした理由は「死者の霊は、なかなか住み慣れた場所や親しい人の間から離れて行きたがらないものなのだ。だから、名前や写真、その人の持ち物など、その人の生前に強く結びついたものは、すべて捨て去らなくてはならない。名前などを口にすると、霊魂が立ち去れなくて戻ってきてしまうからだ」というものでした。

「家」ではなく、昔ながらの、木の皮などで葺《ふ》いた小さなテント状の雨除けだけで暮らしている場合は、誰かが亡くなると、そのキャンプ自体を数年の間放棄して立ち去ってしまうと聞いていましたが、一九九一年に調査したウィルーナ（Wiluna）という、ミンゲニューからさらに八百キロ程内陸に入った所では、政府がアボリジニのために建てた数軒の家が、そこで死者が出たために放棄されてしまっていたのを見たことがあります。

その時一緒にいた白人男性が、「これだから、アボリジニに家を建ててやるのは、税金の無駄遣いなのさ！」と、つぶやいたのが印象的でした。

ちなみに、ローラのような町暮らしのアボリジニたちは、もう、死者が出たからといって、家を捨てたりはしていないとのことでした。

「北部地域では、今でも伝統的なコロボリー（踊り等を伴う集会）が行われているし、そういう所では女性たちも参加しているそうよ。……この辺りでは、もう行われていないわ。伝統文化が忘れ去られてしまったのは悲しいことだけどね」

「伝統文化が忘れ去られて悲しい」という言葉自体が、いかに彼女の思考が白人的であるかを感じさせました。

「……ナホコ、バディマヤについてもっと知りたいなら、ローズマリおばさんに聞くのが一番よ。彼女はいまパースの病院に入院してるけどね、退院したら会いに行ってごらん」

ローズマリおばさんは、しかし、なかなか退院できず、一カ月近く待たねばなりませんでした。

その間も、私は機会があるごとにローラと様々なことを話し、彼女から得た情報を、他のアボリジニに聞いてチェックするという作業をはじめました。そのうちに、少しずつ、ミンゲニューのアボリジニたちがどんな暮らしをしているのかが見え始めました。

当時、ミンゲニューのアボリジニ人口は二十三世帯約六十人程でしたが、男たちのほとんどは定職にはつかず、時々長距離トラックの運転手の仕事を得たり、羊毛刈り(shearing：シアリング)の時期になると牧場で羊毛刈りの仕事をしたりという具合に、短期間の雇われ仕事をし、仕事にあぶれている間は社会保障のお世話になっていること。

夜になると男女ともホテルのバーに集まり、ダーツ等をしながら飲み騒いでいること。男女ともにトランプが大好きで、よく誰かの家に集まって金を賭《か》けてゲームしていること。

酒が入ると暴力をふるう男たちもいるようで、顔を腫《は》らしたアボリジニの中年女性が、ローラたちにグチを聞いてもらうために学校に来ることもありました。

パム校長と郵便局へ行く途中、酔ってふらふらしているアボリジニの若者に行き合ったことがありました。そのとき、パム校長が眉《まゆ》をひそめ、

「アボリジニは、いつもはおとなしいんだけど、酔っ払って、口の中にまだ酒の味が残っているようなときには、とっても危険なのよ。気をつけなさい」

と、ささやきました。リベラルな彼女の言葉とは思えない、冷たい口調でした。

ミンゲニューは、第二次大戦前までは、南の広大な穀倉地帯、北の牧場地帯に挟ま

れた農・畜産物の運搬の中継地としてにぎわった町でしたが、今は農場も牧場も機械化が進んで人手を必要としなくなり、町自体もさびれて、ろくな仕事はありません。着いた当初は、のんびりとした田舎町の印象しかなかったミンゲニューに、次第に衰退していく町特有の白々とした無気力な空気を感じるようになったのも、この頃でした。

そんな中で印象的だったのは、アボリジニ女性たちの意外な積極性でした。火曜日と木曜日の夜になると、ミンゲニュー中のアボリジニ女性たちが小学校に集まってきます。何事かと思ったら、彼女らが企画・実行している「お裁縫教室」なのでした。裁縫の得意な白人女性を先生に頼んで、タバコを吹かし、噂話《うわさばなし》に花を咲かせながら子どもたちの衣服などを縫っている姿は、なんとも逞《たくま》しい女性パワーを感じさせました。

また、週に三回、放課後になると、大きなお腹《なか》をした臨月の白人女性が小学校にやってきます。彼女がやってくると、ローラは大きなバインダーを開いて、二人で熱心に勉強を始めるのです。この白人女性はローラのテューター（家庭教師的な存在）で、ローラは、大学の通信教育を利用して、正規の小学校教員の資格を取ろうとしているのでした。

「パム校長がね、やってみたらって勧めてくれたのよ。子育てしながらだから、正直言って大変なんだけど、母さんが亡くなる直前、がんばってやりとげなさいって言ってくれたし……。くじけそうになると、その声を思い出すのよね」

分厚いバインダーの上にかがみこんで、頬杖《ほおづえ》をついて勉強しているローラの姿は、資格試験の勉強をしている日本の女性たちの姿となんら変わりません。

ミンゲニューに来て三週間。よく人類学者が異郷の地でカルチャー・ショックを味わい、不安になった経験を書いていますが、私は、まったく逆の意味で不安を抱えていました。ローラと話していて、あまりにも「わかりあえてしまうこと」が不安だったのです。

私はアボリジニと話しているのだ。異文化をもつ人と話しているのだ。違う考え方に出会って、もっととまどっているはずなのだ……。私の感性は鈍過ぎるのだろうか？　思いこみで理解したつもりになってしまっているのだろうか。見えなくてはならないものが、自分には、見えていないのではないか……。それが、不安だったのです。

ある日の午後、教材作りをしていると、戸口が陰り、誰かが入ってきました。ふり返って、どきっとしました。真っ黒な肌のアボリジニ男性が立っていたからです。

恥ずかしいのですが、当時私は肌の色の濃さで「アボリジニ度」を判断する傾向がありました。ですから、正直に告白しますと、彼を見た瞬間、私は、「わっ！　本物のアボリジニだ！」と思ったのです。

ひょろっと痩《や》せた彼は、ずいぶん年寄りに見えました。牧童たちがよくかぶっているような、埃《ほこり》まみれのくたびれたカウボーイ・ハットと半袖《はんそで》の白いシャツに茶色のズボン。腕にはローラの妹シェリーの娘、一歳になったばかりのビンディを抱いていました。

ローラは、いやがるビンディの頬《ほお》に、音をたてて何度もキスをしました。

「ナホコ、紹介するわ。シッドおじさんよ。おじさん、こちらは、日本からやってきた先生。アボリジニについて勉強してるのよ」

シッドおじさんは軽く帽子をあげて挨拶《あいさつ》し、私の目を真っ直ぐ見ないようにして、なんとなく気恥ずかしそうに微笑《ほほえ》みました。彼はイスに座ると、ビンディを膝《ひざ》にのせて、手慣れた感じであやしはじめました。

ビンディは、茶色がかった金髪の巻毛がかわいい色白の女の子で、ローラの姪《めい》だと知らなかったら、アボリジニの血をひいているとは、まったくわからなかったでしょう。

「ビンディっていう名前はね、バディマヤの言葉で「棘《とげ》」っていう意味なのよ」

「植物の棘？　女の子の名前なのに、なんで「棘」なの？」

「シェリーが〈ビンディ〉って音が好きだったからでしょ。この子の父はニュージーランド人だから、ハーフ・キウイ（キウイはニュージーランド人のこと）、ハーフ・アボリジニね」

　オーストラリアの方が労働の賃金が高いらしく、ニュージーランドから白人の労働者がずいぶんオーストラリアに来ているのだそうです。ビンディの父親ギャリーも、そんな出稼ぎ労働者の一人でした。シェリーと正式な結婚はしていませんが、彼らの関係は決して一時的な同棲《どうせい》という感じではなく、一年に一度はニュージーランドから彼の両親が遊びに来るし、数年後にはビンディの弟も生まれ、今も微笑《ほほえ》ましい家族団《だん》欒《らん》を楽しんでいます。

　それはともかく、シッドおじさんは、とても暇らしくて、それからもしばしばビンディを抱いて学校へやってきては、なにを話すでもなく、お茶を飲んで過ごしていました。

　チャンスとばかり、下心丸出しで質問を試みたのですが、彼は気弱そうな笑みを浮かべるだけで何も答えてくれません。こりゃあ、煙たがられているのかな、と不安に

小学校の表で。左からシッドおじさん。ディジャリドゥをもつ著者。ジェイコブ（ローラの長男）とビンディ（ローラの妹シェリーの娘）、ジェイコブの友人。1990年。

なったのですが、ある日、彼は、ディジャリドゥ[5]をもってきて、非常に気恥ずかしげに、

「これは、おれが昔買ったディジャリドゥだよ。アボリジニの楽器だ。あんたに吹いてあげようと思って持ってきた」

と、なかなかうまく演奏してくれました。彼なりに気を遣ってくれていることがわかって、この時は、本当に恐縮してしまいました。

興味深かったのは、この辺りの伝統集団の楽器ではないディジャリドゥを、彼が「アボリジニの楽器」として誇らしげに吹いてくれたことです。

アボリジニは多くの異なる集団に分れています。たとえ姿形は見分けがつかないほど似ていても、日本人と韓国人は、それぞれ異なる民族であると感じているように、彼らもそれぞれ自分の集団に強い帰属意識をもっています。

現在でも、「自分が属する伝統集団」がわかっている人々にとっては、この帰属意識は大変強いのですが、イギリス人がこの大陸を植民地化し、オーストラリアという国家が出来上がるにつれて、もうひとつ別の「集団」への帰属意識が生まれてきました。――イギリス人が「肌の黒い原住民（英語で aboriginal/aborigines)」と一括《ひとくく》りにカテゴライズしたことで生れた、「アボリジニ」としてのアイデンティティです。

都市部で暮らす、自らの文化や言語を奪われた人々ほど、この「アボリジニ」としての意識は強いように思います。彼らは失ってしまった自らの地域の文化・言語の代わりに、強く伝統文化・言語を維持している北部や中央沙漠地域のアボリジニの文化要素――たとえば、ディジャリドゥ等の楽器や、木皮画等――を、いわば「アボリジニ」が共有する文化的財産として、白人や他の民族の人々に示すことがあるのです。

ディジャリドゥを吹いてくれているシッドおじさん。――この漆黒の肌をした、外見はどこからみても「純粋なアボリジニ」であるおじさんも、もはや「伝統文化」を失ってしまっているのでしょうか。そうだとしたら、いったい、いつ、どんな理由があって、彼らの「文化」は消え去っていったのか……。ディジャリドゥの、大気を震わせてうなるような響きに誘われるように、そんな疑問が胸に湧《わ》きあがってきました。

英語を話し、ホテルのパブで騒ぎ、トラックを運転し、白人とほとんど変わらぬ暮らしを営み、両親や祖父母にとっては母語であったはずの言葉さえ失い……それでも、自らを「アボリジニ」であると考え、白人たちからもそう見られている、この人々。

生活の形は白人と同じでありながら、定職もなく、貧しく、どことなく白人とは異なる「生活の匂《にお》い」を発散している、この人々。

彼らの、こういう「今の姿」をより深く理解するためには、彼らの「来し方」を知らねばならない。一カ月がたった頃、私はそう思うようになっていました。

3　アボリジニが星の下で生まれていた頃――ローズマリおばさんの思い出

ミンゲニューでは、土曜日の夜になると、小さなカソリック教会でマス（ミサ）が行われます。パム校長に連れられて、私も毎週参加していました。

ひざまずくのが苦手な上に、私はキリスト教徒ではないので、参列者全員が立ち上がって聖餅《せいへい》とワインを授けられに行く間、いかにも「異邦人です」という状態で、ぽつんとしているのがわびしくて、このマスの時間は正直に言って苦痛でした。

私の一番の関心事は無論、「アボリジニも礼拝に参加するのか」ということで、二、三十人程度の参列者の中にアボリジニの顔を探しましたが、いつも白人ばかりでした。

彼らの中には、ミンゲニュー周辺の農家の人々もおり、六十キロぐらい離れた所から車で集まってきて、週に一度隣人たちと礼拝後に雑談をするのを楽しみにしていました。

礼拝は六時ぐらいに始まりますが、五月に入ると、日本ならば十月の末といった感じで、六時といえば日も暮れ落ち、礼拝が終わる頃には満天の星が輝き始めます。

南十字星がくっきりと光る壮大な星空の下、教会の戸口で、明かりといえば教会の中からもれてくる光だけという、たがいの顔もよく見えない薄暗さの中で、人々は司祭さんを中心に楽しげに雑談し、やがて、それぞれの家へと帰っていくのです。

カナダから新しい司祭さんが着任した日には、夜のブッシュを運転して家に帰っていく司祭さんに、彼らは口々に〈注意事項〉を教えはじめました。

「司祭さん、あなたはカナダ人だからご存知ないだろうが、このあたりでの夜間運転は、そりゃあ危険なんだ。道はくねくね曲がってるし、スピードを出して走っていると、ひょいとカンガルーが飛び出してきて、大事故になるんですよ」

司祭さんは、ニコニコと聞いていましたが、やがて軽く手をあげて、

「どうもありがとう。気をつけましょう。でも、私もカナダの奥地育ちですからね。あっちでは、夜になると、カンガルーの数倍はデカいムース（ヘラジカ）が出てきますから、そういうことには慣れているんですよ」

などと、オーストラリア対カナダ、ド田舎《いなか》自慢大会になったりするのでした。

こういう親しい白人たちの輪にアボリジニは入りにくいのかもしれないと思いはじめた頃、この礼拝に見慣れぬアボリジニの老婦人がやってきました。小柄で丸まると太ったその老婦人は一番後ろの席に座り、優雅な慣れた仕種で礼拝の一連の動作を行

っていました。

礼拝が終わると、参列者たちは、いつものように教会の戸口を出た芝生の辺りで立ち話を始めましたが、そのアボリジニの老婦人が出てくると、みんな親しげに挨拶《あいさつ》し、気楽な感じで会話をかわしていました。彼女はすぐに立ち去ってしまいましたが、彼女が帰っていく先を見て、私は、あっと思いました。

彼女が帰っていったのは、道路ひとつ隔てたお向かいの家――つまり、ローラが、ぜひ会ってみるようにと勧めてくれた「ローズマリおばさん」の家だったからです。

翌日の日曜日にでも、さっそくお話を伺《うかが》いに行きたかったのですが、まずローラに紹介してもらった方がいいだろうと思い、じりじりしながら月曜日まで待ちました。

ところが、やっと来た月曜日の放課後、ローラにそのことを話すと、

「ああ、なに？　紹介？　そんなのいらないわよ。ナホコのことは真っ先に話題になってるから、いつ来るかって待ってるんじゃない？」

と、こともなげに言われてしまいました。

科学の実験では「条件の統制」が非常に大切ですが、人が人について学ぶ人類学の場合は、研究者が現地に入った瞬間、否応無《いやおうな》しに、観察対象に変化を起こしてしまいます。

この現実を無視して、観察者である自分を透明人間であるかのように民族誌を書くことの愚かさを人類学者たちは悟り、「いかに知り、いかに書くか」は、常に古くなることのないテーマとして議論され続け、方法が模索され続けています。

それはともかく、ローズマリおばさんが心待ちにしてくださっているとなれば、いざ行かん。わくわくしながら、おばさんの家に向かったのでした。

玄関口で、薄暗い家の中に向かって呼びかけると、まず、子どもたちが走り出てきました。セント・ジョセフ小学校の年少組に通っている、ローズマリおばさんの孫たちです。

「おばあちゃんは寝室だよ。そっちから回ってって」

ちびさんたちに手を引かれて、一段高くなっているコンクリートのテラスに上り、日向《ひなた》ぼっこ用の二つの椅子《いす》を避けて、テラス口から室内に入りました。

室内は天井が高く、ひんやりとしていました。寝室はガランと大きな薄暗い部屋で、暗緑色の床のうえに大きなベッドが置かれています。そこに腰をかけていた老婦人が、どっこいしょ、と立ち上がり、ひょこひょこと身体をふりながら、こちらへ歩いてきました。

こげ茶色の肌に、真っ黒な瞳《ひとみ》。にこにことやさしい笑顔を浮かべて、彼女は温かい両手で、私の手を包むように握手してくれました。

「こんにちは。さあ、こっちへ座って」

私をベッドの脇《わき》の椅子に導くと、彼女は家の奥の方に向かって、呼びかけました。

「アーニー？　アーニー！　お客さんよ！」

のんびりと応じながら、台所の方から出てきたおじいさんは、ごま塩頭にごま塩髭《ひげ》の、ひょろりと背の高い男性で、こちらも、なんとも人のよい笑みを浮かべて、

「よく来たね。お茶でもどうかね？」

と、言ってくれました。彼は白人の老人に見え、私はその時、ローズマリおばさんは白人と結婚したのか、と思ったものです。――後に、そうではないことがわかりましたが。

オーストラリアの田舎の「お茶（a cup of tea）」は、イギリスのような繊細なティーカップで供されることは、まずなく、巨大なマグカップに、表面張力を試しているのじゃないかと思うほどなみなみと注がれて、ドーンと出されてきます（カッパ・ティではなく、マグカッパ・ティと言って欲しい代物です）。大気が乾いているせいか、この大量のお茶が、身体に染みわたるようにおいしいのでした。

まず、お茶を飲んで雑談しながら、私はテープレコーダーでの録音の許可をとりま

した。人によっては録音すると話の調子や内容が変化してしまう場合があり、気をつけねばならないのですが、英語の聞き取り能力の問題もあって、私はよくテープを利用しています。

ローズマリおばさんは、のんびり、ゆっくり話す方でしたから、私の貧しい英語力でも、かなり聞き取ることができました。ただ、時折咳《せ》き込んだり、つまったりすることもあり、また、これは会話の常ですが、話が何度も繰り返されたり、脱線しては、突然戻ってくる、ということもありましたので、これから記述する彼女の話は、わかりやすいように私の編集の手が入っていることを、あらかじめお断りしておきます。

たとえば括弧《かっこ》内は私の加筆説明です。

もうひとつ。彼女の話には様々な地名が登場します。私は地図を広げて場所を確かめながら話を聞いていたのですが、この本でも地図を載せました（八、九ページ）ので、ぜひ、それを見ながら読んでください。彼女の話に出てくる、ほとんどの地名は、「バディマヤの土地（Badimaya country）」とバディマヤの人々が呼ぶ地域に入っていることがわかると思います。

話の皮切りに、私はまず、彼女の年齢から尋ねました。

「たぶん、五十九歳ぐらいだわねぇ」

と、言ってから、彼女は、茶目っ気たっぷりにウィンクしました。

「私はね、星の下で生まれたのよ。ブッシュでね。あの頃は、ほとんどのアボリジニが星の下で生まれたの。こんな家になんか住んでいなかった。だから正確な年齢なんて、わからないのよ。生れたのは、プレンジュリ（Perenjory）の東よ。私は、そこから来たのよ」

そして、彼女は、とうとうと語りはじめました。

伝統集団のこと、精霊のこと——彼女が生まれた時代に、もうすでに過去のものになりつつあったバディマヤの昔ながらの生活を、かすかに垣間《かいま》見せてくれる話を。

私の祖父はカラーラ牧場《ステーション》（オーストラリアでは、広大な牧場をstationと呼ぶ）で働いていたの。だから、私の母も、この牧場で生まれたんだよ。

父はバディマヤじゃなくて、ワジャリだった。母は、まだ少女の時に、父に与えられたのさ(6)。だけど、私が二歳ぐらいの時に父が死んでしまったもんで、母は私ら三人の子どもを連れて自分の父親の所へ——バディマヤ部族（Badimaya tribe）へ帰ったんだよ。

父が生きていたら、私はワジャリだった。ワジャリになろうとすれば、喜んで受け入れられただろうけど、こうして祖父のもとに帰ることで、私はバディマヤになったんだよ。祖父はね、バディマヤ部族の長老だったのさ。

私の夫のアーニーは、ジェラルトンからちょっと南の海辺の部族に属しているんだよ。部族の名前は知らないけどね。その部族は、もう、ずっと昔に人々が離散しちゃったから、滅びてしまったと言ってもいいだろうね。でも、もし、その部族が存続してたら、私の息子のダリルは、その部族に属していることになるのさ。だけど（夫の部族は存続していないから）、ダリルは私の方から考えて、バディマヤなんだよ。

むかしはね、部族の領地の境界が、今よりずっとはっきりしてた。バディマヤの誰かが別の部族の土地を旅するときは、許可を得なくちゃならなかったんだよ。旅をしている印に、火をかかげて歩かなきゃならなかった。火をかかげて歩いていると、その土地の部族の者がやってきて、彼に「ここで何をしているんだ？」と聞くんだとさ。そして、彼らが、その土地に入る許可をくれなかったら、帰らなくちゃならなかったんだそうだよ。

でも、今はもう、そんなことはないよ。部族がみんな、混ざりあっちゃったからね。文化がみんな消え去っていって、白人のように暮らすようになってしまったからね……。

むかしは、バーディ（この地域でバーディ・グラブと呼ぶ芋虫《いもむし》のこと）も掘って、食べたよ！　女たちは、ブッシュでいろんな野菜や果物を採ってきてねぇ。男たちはカンガルーやエミューを狩ってたのさ。すごい狩りをしてたんだよ！　ああ、あの大きなカンガルー！　種類によって、ビゴダとか、マールーとかって、違う名前があるんだよ。

私が幼い頃には、おじさんたちが、いろんな話をしてくれたもんだよ。伝説だかなんだか、私は知らないけど、ひとつ話してあげようか？

ニンガン牧場《ステーション》のそばに、〈ワーダッガ岩〉という聖地がある。聖地の秘儀は全く知らないけれど、ひとつだけ知っている話がある。それは、ハリモグラのお話なのさ。

子どものハリモグラが、道に迷ってしまって、お母さんを探してた。でも、お母さんが見つからなくて、泣いているっていうお話だよ。ワーダッガ岩は、遠くから見るとハリモグラの形をしている。そして、ふたつの目のところに、絶対に涸《か》れない泉があるんだよ。その泉は、お母さんをさがして泣いているハリモグラの目なんだとさ。

ああ……こういう話を、私はずいぶん忘れてしまったもんだね。小さい頃は、いろんな経験をしたはずなのに。「スピリット（霊魂・精霊）」の話は、すごく身近だったのにね。

私がまだ幼いころ、ある老女が亡くなってね、ローラのお祖母《ばあ》さんが彼女を埋葬しなくちゃならなかったんだよ。ほかの人たちも手伝ってたけどね。

ブッシュに穴を掘って彼女を埋葬したんだけど、その時、彼女と一緒に、彼女が必要ないろんな物を埋めたんだよ。お茶とか、砂糖とか、パンとか、煙草とかをね。そうすれば、彼女の魂が戻ってきたとき、そういう物を食べられて幸せなんだよって教えてもらったよ。

人が亡くなって埋葬すると、生きている人たちはみんな、しばらくの間、そこから離れなくちゃならなかった。死んだ人の名前も口にしてはならなかったんだよ。さもないと、戻ってきた霊がやってきて、いろんな物を要求して、そのうえ、生きている人の命まで、一緒にもっていってしまうと恐れたのさ。

それからね、どこかに行ったら、その土地の精霊たちに挨拶《あいさつ》しなくちゃいけないって教わったもんさ。特に、水辺に行ったら、水に入る前に砂を一握りつかんで、そっと水に撒《ま》かなくちゃいけない。それから、「私は、こういう土地から来た、こういう者です」って、精霊に話しかけて、友達にならなくちゃいけない。さもないと、精霊はあんたを病気にしてしまうんだよ。水の中にいる精霊は、「水蛇」なんだ。

ここから、ちょっと行った所に、大きな木が生えてる林があるだろ？　その林の中に、むかしは泉があったんだよ。大きな泉でね、ポンプで水を汲《く》み上げて、タンクに溜《た》めて、農場の水源として使ってたもんさ。

とにかく、そこで、ある女の子が水を飲もうとしたんだよ。だけど、彼女は、砂をいれて「水蛇」に挨拶をしなかったんだ。そうしたらね、急に水が波立って、彼女の目にぱしっと当たって、彼女を突き倒したんだよ。結局、彼女はその後病気になって死んでしまったのさ。みんな、ちゃんと「水蛇」に挨拶をしなかったからだって噂《うわさ》してたよ。

それが本当かどうか知らないよ。でもね、その大きな泉を、ミンゲニューの行政事務所が周囲を掘り広げて湖にしようとしたんだ。その工事中ポンプで水をさらってたら、水蛇が一匹這《は》い出てきたんだよ。その水蛇を、彼らは殺してしまったんだ！　そうしたら泉は涸《か》れてしまった！　行ってみてごらん。あそこには、もう一滴の水もないから。

その「水蛇」は、「キング・ピン（最も重要な存在）」だったんだよ。バディマヤの言葉では、彼らのことを「ビマラ（bimara＝水蛇を指すと同時に、精霊の住処《すみか》である泉、聖地を表わす）」って呼ぶんだ。パースの方、スワン・バレーの方では、同じ精霊を「ワジル（wagyl）」って呼ぶそうだけど、やっぱり水蛇なのさ。

とにかく、泉みたいなビマラに行ったら、あんたは、水蛇と友達にならなくちゃいけないよ。さもないと、彼らはあんたを病気にしてしまうんだからね。

そうさ。気をつけないと、精霊たちは、人を病気にしたり、殺したりできるんだよ。

私がまだ幼かった頃、兄のアランが、ミカサーラ（Meekatharra 地名）に行って、ひどい病気にかかったことがある。ミカサーラは、私らの部族の外の土地でね、彼は、そこで、大きな岩の所の洞窟《どうくつ》へ入ってしまったんだよ。そこは、(7)（その土地の部族の人々が）槍《やり》などをしまっておく所で、イニシエーション（成人儀礼）を行う場所だったんだ。

アランは、その後、家へ帰ってきたんだけど、突然ひどい病気になってしまったんだよ。お母さんは、どうしたらいいかわからなくてね、結局、あるアボリジニの老人に助けを求めたんだ。彼は医者のような者でね、アランは、入ってはならない場所に入ったのだと言って、彼を治してくれたんだよ。それ以来、アランは二度とそこへは行かなかった。……いいかい、あんた、彼の病気は、本当に重かったんだよ！

いいかい、もし、あんたが部族の「法」に従ってイニシエーションを受けた後、呪《じゅ》医《い》（medicine man）になることに興味を示したら、彼らは、あんたを呪医にするために、特別なことを教えてくれるんだよ。かつて、彼らは殺しあってたんだそうだから、もし、あんたが呪医《じゅい》になれるような素質があって、いい殺し屋になれそうなら、彼らは（人を）うまく殺す方法を教えて、あんたを（いい殺し屋に）育てただろうよ。彼らはね、人に催眠術をかける技術をもっていたし、テレパシーで、お互いにメッセージを送れたんだよ。

彼らは、女子どもを怖がらせたもんさ！　とくに女の子たちをね。男の子たちは、やがて儀式を経て、彼らが特別の技術をもっているだけの普通の人間なんだと知るのだけれど、女には絶対にそういうことを教えなかった。かわいそうな、女たちにはね！　小さい頃、どんなに脅かされたことか！　ああ、本当に怖かったよ！　女たちは、なにも知らなかった。無知なままにされてたのさ。

男たちこそ「法」に関わる仕事をする者だった。集会をし、（「法」について語り合う）委員会のようなものを作ってた。彼らは「長老たち（the elders）」と呼ばれたんだよ。

男たちは、「法」をつくり、行う者だったけど、女たちには、全くなにも知らせないようにしたんだ。女たちは働き手だったのさ。木の根を掘ったり、つらい労働をしてた。

男たちはね、女たちには何も話さなかった。――見下していたんだよ。男たちは、「夢」の意味も知ってた。女たちは「夢」を見ると、その意味を教えてもらったものだよ。

男たちは、「法」に従うとき（イニシエーションを受けるとき）、特別の動物を生涯気にかけて世話をするものとして、与えられるんだよ（これは、ペットとして与えられるという意味ではなく、その種全体に対する絆《きずな》と責任を与えられるという意味）。たとえば、バンガーラ（小型のトカゲ類のこと）や、ハリモグラなんかをね。彼は、その動物を、どんな時にも傷つけたり、食べたりしちゃいけないんだとさ。それを、「何々は、彼のニュラグー（Ngulargoo）だ」っていうんだよ。彼は、それを友にして、守らなければならないんだよ。みんな、違うニュラグーをもってた。なんというか、同じ血をもった同胞のようなものなんだよ。

だけどもう、そういうことは、みんな忘れてしまったね。ほとんどが自分のニュラグーさえも知らないんだから……。そういうことは、今はすべて死に絶えてしまったんだよ。

いいかい。アボリジニの「法」[8]では、すべてに精霊が――いたるところに精霊がいたんだよ。黒人仲間《ブラックフェラ》（Blackfella）の「法」では、人は特定の土地を、生涯ずっと世話をしなくちゃならなかったもんさ。その土地の木々や動物や、虫や、すべてをね。

だけど、ヨーロッパ人がオーストラリアにやってきて、大地を荒廃させてしまった。あんた、この向こうの牧草地が見えるだろう？　なんてひどい……彼らは、あそこに属していた木々を切り倒して、あんな風にしてしまったんだよ！

彼らは、土地をアボリジニから取り上げて、アボリジニを一掃してしまった。

彼らと、アボリジニは全く違ったんだ。むかし、アボリジニは部族のやり方で生きてた。すべてを分かち合わなきゃならなかった。狩ってきた獲物やなにかも、すべて分かち合ったんだよ。私が幼かった頃、私らは、部族のやり方で暮らしてたんだ。

だけど、ね、そういうことは、過ぎ去ってしまった。学校へ行って、「進歩」だかなんだか知らないけれど、そういう生活を半ば忘れ去ってしまったのさ。もう、あの日々は、二度と戻って来ないだろうよ。これは必ずしも正しいことじゃないんだよ。ね？　水蛇を殺して泉を涸《か》らしてしまったように、大きな木を切り倒してしまったように、過去にあったことが、みんな終わってしまったんだよ。——もう、二度と戻って来ない。

私らは、もっと現実的にならなきゃ、いけないね。こういうことを、すべて受け止めなくちゃいけない。オーストラリアでは、黒人は、どうでもいい、いなくてもいい存在なんだから。彼らは、私らを笑い者にしてるんだもの。むかしからそうだったようにね。

狩りをするとき、アボリジニは裸で、顔や足に泥を塗りつけてた。カンガルーやなにかに近づくときは、そうしなくちゃ、気づかれちゃうからね。だけど、白人たちは、(そういうアボリジニの姿を)汚いと――「彼らは汚い」と言うんだよ。白人たちは、この国にやってくるやいなや、自分たちの「法」を押し付けたのさ。

多くの人たちが移住してきた。この国は広いから、助けてあげられるならお互いに助け合わなくちゃならない。私はそう思うよ。だけど、実際は、ひどいことが起きたんだよ。ほんとうに、ひどかった。私は、人は……みな同じだと思ってる。でも、多くの人たちは、そう思わなかったんだよ。そして……ああ……ああ、なんてことだろう。

✧

ローズマリおばさんが、ふいにうつむいて、咳《せ》きこむように激しく泣きはじめてしまったので、私は、あわててしまいました。おばさんは、孫たちからハンカチをうけとり、涙をぬぐって、お茶を飲んで、心を落ち着かせようとしていました。

そして、しばらくの後、彼女はふたたび話しはじめました。

だいたい三十年ぐらい前までね、（ミンゲニューでは）アボリジニは、こんな家には住んでいなかった。こんな風には暮らせなかったんだよ。私らは、町から二キロ離れたリザーブ（Native Reserve「原住民居留地」）で暮らしていたんだ。なんと呼んだらいいかわからないけど、おかしな、テントのような、小屋のようなものを建てて、住んでいたのさ。

やがて、州政府が家を建ててやろうと決めて、そのうち町の方へ移り住むことが許されるようになったのさ。私が、ここへやってきたのは、ちょうど、この向こうの通りにアボリジニが住み始めた頃だった。

アボリジニにはね、本当に（生き方を）選ぶ余地がなかったんだよ。彼ら（白人）は私たちの慣習のすべてを——そういう生き方をすることを「異教徒的」だと言ったからね。

だけどね、私たちの「法」は——そのうちの実践のいろいろな部分は、実際のところ、キリスト教の教義とだって、似たところがあったんだよ。私たちは自分たちの

「法」をもっていたし、その「法」には、よいところだって、たくさんあったんだ。

キリスト教だって、よいときもあれば、悪いときもあるものねぇ？

白人は、彼らの「法」を私たちに押しつけた。——アボリジニの生き方は、すべて悪いことだと、間違っていると言ってね。

だけど、いいかい……もう、私たちは、部族の生き方には戻れない。戻りたくても、戻れないんだよ。そうなると、もし、私がキリスト教の「法」を拒んでしまったら、私は、どの道へも行けなくなってしまうだろう？

だから、私はいま、この生活を受け入れているんだよ。キリスト教徒である生活をね。

アボリジニの考え方は、すべて精霊に関わっている。キリスト教の教会だって、そうさ。精霊に関わっているだろう？　そういう面は、よく理解できるものね。

私はね、みんな、自分が信じるものを信じればいいと思っているよ。ね、他の人たちの文化が間違っているなんて思う必要はないんじゃないかね？　私は、誰かを批判したりしたくないよ。私たちはみんな、同じように地球の上に生きているんだものね。

ローズマリおばさんが生まれてから、現在までの間には、政府のアボリジニ政策は大きく変化してきました。彼女の中には、社会の底辺で生きてきた記憶も深く刻まれているはずです。その日々の果てに、こういう考え方ができる……。こんなバランスのとれた聡明さは、誰もが持ちえるものではないでしょう。

ローズマリおばさんは、一息ついて、私にバディマヤの親族名称など、いくつかの単語を教えてくれました。

「ローラもバディマヤの単語を教えてくれましたよ。あなたが彼女に教えたんですか?」

「ほんの少しね。でも、あの娘は、お父さんのアーサーやお祖母《ばあ》さんのミッジの会話から、ひとりでに覚えたんだと思うよ。ローラは、いつも、とっても頭のいい娘だったからね」

「え、ローラのお父さんは、アーサーっていう名だったんですか? ローラの息子と同じ名前なんですね」

ローズマリおばさんは、ひょいと眉《まゆ》をあげて微笑みました。

「そう! ヤング・アーサーね。あの子も頭のいい子だよ」

そして、ローズマリおばさんは、思いがけぬ話——数年前に亡くなったローラの父アーサーと、ローラの息子のアーサー少年に関わる、意外な話を始めたのでした。

4 殺されかけた赤ん坊――ローラの父の話

（ローラの父親の）アーサーは、カラーラ牧場《ステーション》で生まれたのよ。

アーサーの母親ジェシー・ベンジャミンは、ウォルターに与えられて結婚したけれど、彼女はアーサーを産む時に死んでしまったの。黒人仲間《ブラックフェラ》の「法」では、こういう場合、赤ん坊が母親を殺したと考えるのよ。それでアーサーは生きることを許されてはならない――石で頭を割って殺さねばならないといわれたの。

だけど、お産に立ち会ってた私の祖母が、殺すかわりに私が面倒をみるからと、親族たちを説得して、アーサーを助けたんだよ。そして、子どもがいなかったミッジ・ギアにあげたのさ。それで、ギア夫妻は、アーサーをミンゲニューに連れてきて育てたというわけ。

そう、この子が、アーサー・ギアだよ。あんたは、ギアって姓で知っているだろう？　だけど、彼の本当の姓はギアじゃなかった。彼のほんとうの父親のウォルターは、「ニンガン・ウォルター」（ニンガン Ninghan は、バディマヤの重要な聖地ワーダ

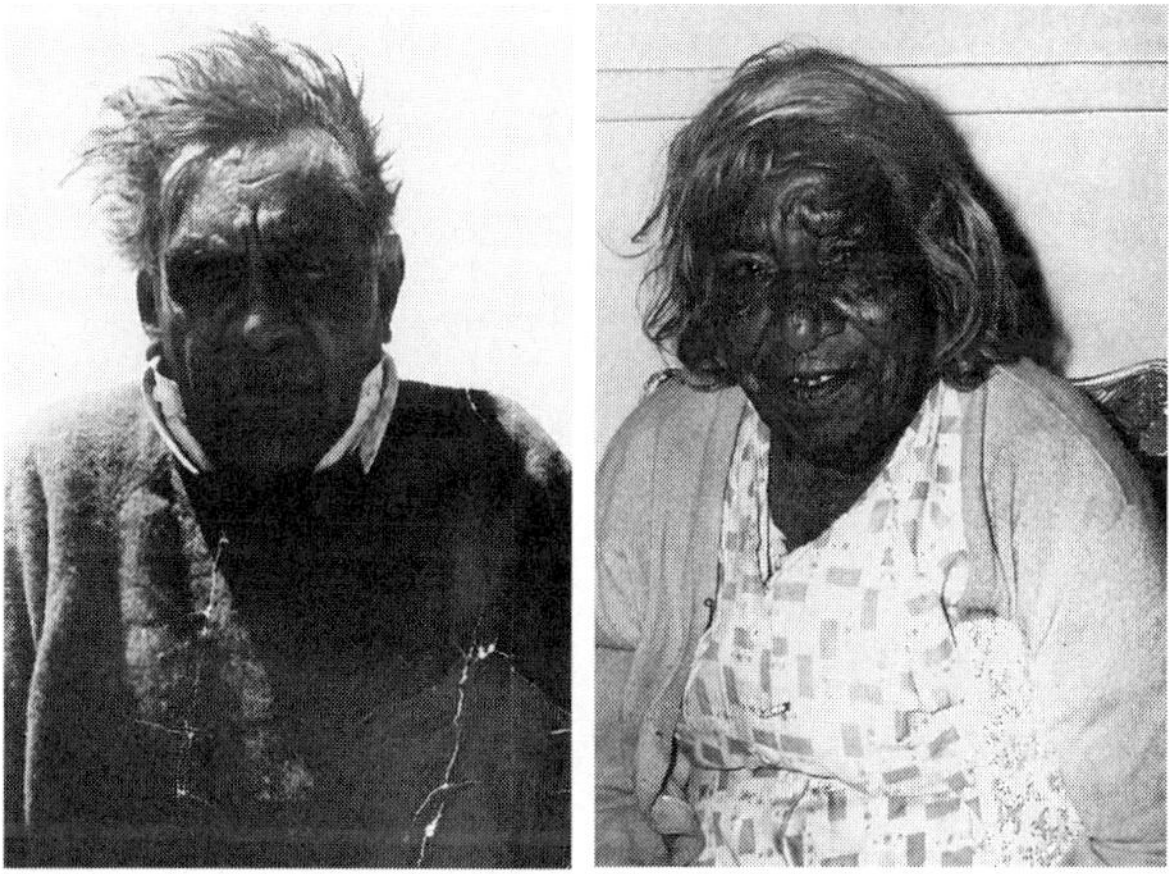

右はミッジ・ギア。ローラの父アーサーの養母。左はジョン・ベンジャミン。ローラの父アーサーの叔父で、聖地を守っていた長老。ともに撮影年は不明。

ッガ岩がある牧場の名前）と呼ばれてたし、彼の母親はジェシー・ベンジャミンといったんだから。

だけどね、ベンジャミン側の親族たちはアーサーを認めなかった。切り捨ててしまったんだよ、親族のラインからね。アーサーを死んだものとして扱ったのさ。

ところがね、ニンガン・ウォルターの父（つまりアーサーの祖父）が死ぬと、アーサーは彼の直系として重要人物になってしまったんだよ。ウォルターの父は、ベンジャミンたちよりずっと重要な〔聖地を守り、維持する者として重要な〕人物だったし、彼が死んだとき、息子のウォルターは、カルグーリ（Kalgoori ミンゲニューから五百キロ近く東南の町）の方へ追放されてしまってたから、彼の孫で、ウォルターのただ一人の息子であるアーサーが、彼のライン（聖地の儀礼的な保護・管理の責任者の地位を受け継いでいくライン）を継ぐ者とされたのさ。それで、長老（ジョン・ベンジャミン）がアーサーの所へやってきて、アーサーに、部族の「法」に従って生き、部族に残された聖地を継ぐように説得したんだよ。

でも、アーサーは長老たちの説得に応じなかった。彼は、たぶん、ちょっと脅えていたんだろうね。部族の「法」に従って生きるのがどういうことか、いろんな話を聞かされて育ってたから。――彼自身は、とても重要な人物だったんだけどねぇ……。

今では、ほとんど本当のアボリジニ[9]（彼女は、「true Aboriginal」という言い方をした）、純血（full blood）のアボリジニはいなくなってしまった。みんな、ヨーロッパ人と混血してしまったからね。ミンゲニューでは、シッドだけだよ。純血のアボリジニはね。

シッド・ジョーダン（シッドおじさんのこと）とアーサーは、「半分兄弟（half brother）」なんだよ。つまり、アーサーの父親のニンガン・ウォルターが、アーサーの生母が亡くなった後、クレアっていう別の女性と結婚して、娘を一人つくったんだ。

で、クレアはウォルターと別れた後トム・ジョーダンって男と結婚してね、たくさんの子どもを産んだんだ。シッドはその一人なんだよ。だから、シッドはアーサーとは血のつながりはないけれど、アボリジニの考え方では、ハーフ・ブラザーなのさ。

このシッドの兄弟たちの多くは、ちゃんと部族の「法」に従った。そうするもんだと思っていたからね。だけど、アーサーはイニシエーションを受けるのを拒み、部族の「法」に従わなかった。それでもなお、彼はジョーダン家の兄弟たちよりも、重要な人物だったんだよ。

アーサーは、馬鹿《ばか》だったよ。その資格があったのに、部族の「法」に従うのを拒んでしまった。ハーフ・ブラザーたちはちゃんと部族の「法」に従ったのにね。

でも、アーサーが育った頃は、多くの者が部族の「法」に従うのを止めてしまっていたのさ。ずっと北の方では、今でも部族の生き方がしっかり息づいているけどね。ここでは、もうほとんど残っていないよ。……ここではね、文化は死に絶えつつあるんだよ。

もし、部族の「法」に従って生きるなら、あんたは、毎年、親族のもとを訪れなくちゃならない。それから、四、五年に一度ぐらい、特定の場所で大きな集会があってね、違う部族から人々が集まってきて、それぞれの部族のコロボリーを見せたりするんだよ。それから、イニシエーション儀礼が行われたのさ。

それからね、もし誰かが自分の土地から遠く離れた所で亡くなったら、その死者を、彼の土地に戻してあげなくちゃならないんだよ。妻や夫がね。それをしないことは、とっても悪い、間違ったことだと考えられているんだよ。シッドの母親のクレアは、すごい年寄りだけど、まだ、ここから四百キロぐらい北東に上ったマウント・マグネット（Mt. Magnet）で、息子の家族と一緒に暮らしているからね、シッドはそこへ毎年行っているよ。

——じゃあ、シッドおじさんも、儀礼に参加したりするんですか？

いいや！　彼は参加できないよ。「法」に従っていないんだもの（イニシエーションを受けて、「法」に従う生活をしていない、という意味）。

いいかい。彼は子どもの頃、母親から取り上げられて、ずっと南のバンバリー（Bunbury）の学校へ送られてしまったんだよ。彼ら（原住民福祉局の役人）は、アボリジニの子どもたちを両親から取り上げて、学校へ送り、教育を受けさせたんだよ。そうやって連れ去られて、学校に行った子どもたちは、もう部族の生き方には戻りたがらなくなるだろうと彼らは考えたんだろうよ。でも、実際は、必ずしもそうはならなかったけどね。学校へ送られても、彼らの多くは部族のもとへ戻ってきたもの。シッドは、ほんとうに幼い頃にバンバリーの学校へ送られて、長い間南で暮らしたんだ。それから、彼はミンゲニューに来て住み着いたんだよ。たぶん、アーサー（ローラの父親）がここにいたから、ここに住むのを決めたんだろうね。だけど、彼は毎年母親に会いに行ってはいるんだよ。彼の母親――クレアも、もうすごい年寄りだけど、たとえば、ローラのお母さんが亡くなった時なんか、葬儀に参列するために、ちゃんとここへやってきたよ。

ジョーダン家はね、すごい大家族なんだよ！　シドニー（シッド）は八人だったか九人だったかの男兄弟と四人の女兄弟がいるんだもの。この男兄弟たちは「法」に従ってるんだよ。彼らは、きっと部族の「法」について、ちゃんと知っている。それでも（部族の「法」に従っていないのに）、ローラの父親アーサーの方が、ジョーダン家の兄弟より重要人物だったのさ。

ワーダッガ岩は、かつて、多くのイニシエーション儀礼が行われた聖地だった。ローラの父のアーサーが亡くなったときね、彼の年老いた叔父――彼は「ロウ・マン（Law man＝「法」を熟知した者）」だったんだが――その岩に関することを、若いアーサー――ローラの息子のアーサーに与えようと決めたんだよ。

以前に、西オーストラリア州立博物館が、ワーダッガ岩について調べて、伝統的な管理者の名前を書いて本を作ったことがあるの。その本のコピーを製本したものを、アーサー（ローラの父の方）の叔父は持っていて、それを「the book」と呼んで大切にしてた。そしてね、この本を譲ることがワーダッガ岩に関わる責任を譲ることだって考えてたんだよ。

彼はね、若い方のアーサーがイニシエーションを受ける気になるまで、私に預かってくれと言って、その本を預けて亡くなった。だけどね、ある親族の者が、ちょっと貸してくれって言って、その本をもって行ったっきり、なくしてしまったんだよ。

いま、もし、この子が、岩に関わる権利を要求するなら、（イニシエーションを受けて）「法」に従わなくちゃならない。「法」に従わないうちは、なにも要求できないからね。

イニシエーションを受ける年齢は、普通、十二歳か十四歳ぐらいだね。そう、だいたいそのくらいだろう。十二歳でも、準備ができている子もいれば、成長が遅くて、十四歳ぐらいでやっと「法」に従える子もいるからね。

――アーサーはイニシエーションを受けるでしょうか？

私にはわからないね。母親のローラが彼にやらせるかどうかだね。

いいかい、ローラの長男はジェイコブで、アーサーじゃない。だけど、彼ら（長老たち）はジェイコブをとばしてしまったんだ。彼らはジェイコブを「その者（the one）」だとは考えなかった。彼らはアーサーこそ、「その者」だと認めたんだよ。

多くの、こういうことが死に絶えていっているのは、すごく悲しいことだよ。

見てごらん。私らには、もう、なんの文化も残ってやしないんだよ。言葉さえ忘れ去られてしまったんだ。お祖母《ばあ》さんは、私が幼い頃、いろいろ話してくれたけど、私はもう、ほんの少ししか話せない。聞くことはできるんだよ。会話を聞けば、理解はできる。でも、話すことはできないのさ……。

✧

ローズマリおばさんは、私の問いかけに答えて、結局、三時間以上も様々な話をしてくれたのでした。そして、それからも、訪れるたびに、彼女は快く話をしてくれました。

ローズマリおばさんは、決して「おしゃべり」ではありません。話し上手でもありませんでした。独特の、ゆっくり噛《か》みしめるような話し方で根気よく話しつづけるのです。

今思い返してみると、出会ったばかりの日本人の若い娘に、彼女がなぜ、これほどいろいろな話をしてくれたのか、不思議な気がします。

というのは、ローラでさえ、自分の家族について、あるいは自分の過去の生活について話をしてくれるようになったのは、出会って一年以上たってからだったのです。ローラは、学校では仲良くつきあってくれましたが、初めてミンゲニューに滞在した当時は、自宅に招いてくれることもなかったのです。彼女がその頃話してくれたのは「ミンゲニューのアボリジニ」についての概略的なことばかりでした。

それは、しかし、当然のことでしょう。誰だって、ぽっとやってきた一時的なつきあいしかしない他人に、プライベートなことを話すはずもありません。ただ、沖縄で気さくに話してくれる人々との調査経験しかなかった私には、アボリジニたちの、つねに一歩後ろにひいているような無口さや、警戒心を示す壁が、ひときわ印象的に感じられました。

それに比べると、ローズマリおばさんは、まるで話す時が来るのを待っていたかのように、気負うこともなく自然に、実にいろいろな話をしてくれたのです。

けれど、こういうことは、この日は、まったく頭の中に浮かびませんでした。その時私の心を占めていたのは、ローラはアーサーにイニシエーションを受けるよう勧めるかな、それとも、止める気なのかな、ということだったからです。

　ローズマリおばさんの話からは、バディマヤが培ってきた文化が、留めようもなく崩れ去り、過去のものとして忘れ去られつつあることが感じられました。私には、アーサーが、文化を伝えていくための、細々と残った一本の糸のように思えたのです。

「彼がイニシエーションを受けてくれればいいな。文化伝承のために、彼はそうすべきなんだがな。ローズマリおばさんも、ローラ次第だなんて言ってないで、もっと積極的にローラを説得すればいいのにな」……それがいかにあさはかな第三者の考えであるかを悟るのは、それから二カ月後に、ある事件が起きてからでした。

5　いまも残る掟

ミンゲニューに来て二カ月たつと、パラパラと雨が降り、朝夕には吐く息が白く凍る寒い季節がやってきました。夏の暑さにぐったりと茶色に枯れていた牧草地も、いつのまにか生き生きとした緑色の草原に変わっていました。ここでは、秋が緑萌える季節なのです。

ローラの次男アーサーは、ふだんは、とても無口で、ほとんどニコリともしないので、クールな子だなぁと思っていたのですが、ある日、友達と道路を歩いていた彼が、まだ二つぐらいのイトコの女の子をさっと抱き上げ、やさしく笑いかけて、あやしているのを見かけ、びっくりしました。

日本だったら、どんなにやさしい少年でも、自分の友達の面前で、女の子を抱き上げてあやしたりはしないでしょう。気をつけて見ていると、性別に関係なく、アボリジニの子どもたちは、幼いイトコや兄弟たちの面倒を実に自然に見ています。わずか十二歳ぐらいの女の子でも、堂に入った仕種で赤ん坊を抱いて、あやしている姿をよく見かけました。

ミンゲニューに来て三カ月が過ぎた頃、パム校長が突然異動の話を切り出しました。

「あのね、ジェラルトンにセント・ローレンス小学校っていうカソリック系の小学校があるんだけれど、そこの校長先生が、あなたに来てほしいっていうのよ。どう？　行ってくれない？　二カ月教えたら、また、こちらへ戻ってきてかまわないから」

ジェラルトンは、ここから約百二十キロ離れたインド洋に面した港町で、ミンゲニューよりはるかに大きく、その小学校には三百人もの生徒がいるとのこと。そして、三つの家族が、もうすでに私のホスト・ファミリーとして名乗りをあげているというのです。

ミンゲニューでは、まだ調査の予備の予備段階なのに、もう別の町に移るということには迷いがありましたが、最初の年だということを考えれば、一カ所に留まるより、なるべく広く、この地域を見てまわった方がいいかもしれないと思い、承諾しました。

ミンゲニューを離れる前夜、思いがけぬお誘いがかかりました。ローラが、にやにや笑いながら、なんとシッドおじさんからのデートのお誘いを伝えてくれたのです。

「シッドおじさんがね、あなたがここを離れるまえに、さよなら夕食会をホテルのパブでしたいって。私と三人でね。彼ね、あなたがミンゲニューを離れるって聞いたら、

「おれも一緒に日本に行く！」なんて言ってたわよ」

あの引っ込み思案のシッドおじさんが、そんなことを言うなんて想像もできません。それはローラの創作だったのかもしれませんが、六時になると真新しいシャツを着たシッドおじさんが、ローラとともに緊張した面持ちで迎えに来てくれたのです。

向かったのはホテルのパブ。西部劇にでも出てきそうな、古くて騒々しい、タバコの煙もうもうの男性用のパブの奥に、テーブルと椅子《いす》がきちんと置いてある女性用のパブが別に設けられていたのには驚きました。カウンターの内側は、男性用パブも女性用パブもつながっていて、バーテンさんたちは、あっちへ行ったり、こっちへ戻ったりしています。けれど、泥のこびりついた革靴、緑色のぴっちりとした短パンをはいて、派手な刺青《いれずみ》を入れたたくましい腕を見せつけながら、立ってビールを酌《く》みかわし、騒いでいる男の酔客たちは、ドアを隔てたこちらへはやってきません。ドアの向こう側と、こちらとでは、喧噪《けんそう》のボリュームがまったく違うのです。

女性用パブのテーブルには、紅白のチェック模様のビニールのテーブルクロスがかかっていました。テーブルについたシッドおじさんは、最初のうち居心地が悪そうに、もじもじしながら、なるべくこちらと視線を合わせないように、カウンターばかり見ていました。

それでも、ステーキ（噛《か》んでも噛んでも飲み込めないほど、硬い！）を食べながら、ビールを二杯、三杯と飲むうちに、すこしリラックスしてきたようで、男性パブの男たちが、カウンターから身をのりだして、

「ヘイ、シッド！　なにが起きたんだ？　あんたが、レディーのお相手なんてよ」

などと、からかっても、にやにやと応じて、

「わしのシャウト（奢《おご》り）だ。気にせずに飲んでくれよ」

と、私にビールを奢ってくれたりしました。

ダーツを競い合っている歓声と怒声。タバコの刺すような匂《にお》い。開け放たれたドアの向こうに広がっている暗闇……。不思議な夜でした。

ミンゲニューを発つ朝、シッドおじさんが家に寄ってくれと言っていると聞き、はじめて、おじさんの家を訪ねました。それはごく普通の家で、ドアをノックすると、ボサボサに寝癖がついた髪をしたシッドおじさんが出てきました。家の奥には、ローラの姉のマリアの姿が見え、起きたばかりのアーサーの姿もありました。後になって、ここがローラの両親が生前住んでいた家で、今はマリアとシッドおじさんとアーサーが住んでいるのだと知りました。ローラは、当時、ボーイフレンドと別の家に暮らしていたのです。

シッドおじさんは、新聞紙にくるまれた物を私に渡してくれました。開けてみると、エミューの卵と同じくらいの大きさの、茶色い木の実がでてきました。表面に、釘《くぎ》かなにかで削ったような、面白い模様が彫刻されています。

「ボブ・ナッツ（バオバブの実）だよ。わしが、その模様を彫ったんだ。アボリジニの工芸品だよ。あんたに、あげるよ。日本にもって帰っておくれ」

それだけ言って、にこっと笑うと、おじさんは中にひっこんでしまいました。――それがシッドおじさんを見た、最後になってしまったのです。

二カ月をジェラルトンで過ごし、ミンゲニューに帰ってきた私を待っていたのは、シッドおじさんが心臓発作で亡くなった、という知らせでした。

あまりに突然の訃報《ふほう》に呆然《ぼうぜん》としている私に、パム校長は言いました。

「アボリジニは、生への執着が白人より薄いのよ。死期を悟ると、生にしがみつくようなことはしないで、あきらめてしまうんじゃない？　本当にあっけなく死んでしまうのよ」

生への執着が薄い。……それは、とても「アボリジニ」のイメージに合った言葉で、聞いた瞬間は、そうなのかもしれないなと思わせる説得力をもっていました。

けれど、本当にそうなのでしょうか？　本当に、それほど白人と違う死生観を、このミンゲニューのアボリジニがもっているのでしょうか。

それまで、思考や価値観の面では、彼らと白人との文化的な差異をほとんど実感できなかった私には、パム校長の「アボリジニ観」を素直に信じることができませんでした。

しかし、シッドおじさんの死は、ローラたちが、私が思っていた以上に「アボリジニの世間」にがっちりと組み込まれていることを垣間見せてくれることになったのです。

ローラは、わずか二カ月でげっそりと面変わりしていました。

「やせたね」と言うと、彼女は溜《た》め息《いき》をついて苦笑しました。

「もう大変よ」

そして、堰《せき》を切ったように愚痴をぶちまけ始めたのです。

「信じられないわ。あの人たちは狂ってるのよ。変な人たち」

「誰のこと？」

「ジョーダン家の人たちよ」。私たちの他は誰もいないのに、ローラは声を低めました。

「シッドおじさんの家族。マウント・マグネットまでおじさんの遺体を運んで来いって言うのよ。冗談じゃないわ！　マウント・マグネットは四百キロも離れてるのよ？　私には、そんな費用を払うお金はないって言っても、まったく聞く耳をもたないの。「連れて帰って来い。シッドは彼の属する土地に埋葬されねばならない」って言うだけ」

ローラは、肩をすくめて両手を広げ、あきれはてたという仕種をしました。

「だいたいね、おじさんはあっちへ帰りたくないのよ。本当よ。死ぬ前に、私にそう言ったんだから。——おじさんは、自分が死ぬのをわかっていたんだわ。夕暮れ時に、おじさんが空を見上げて、ふいに言ったのよ。「……わしの可愛いローラ、いいかい、よく聞いておくれ。わしが死んだら、マウント・マグネットじゃなく、ここミンゲニューの、あんたの父さんと母さんのそばに埋めておくれ。いいね。頼んだよ」って。おじさんは、マウント・マグネットの家族たちの間で暮らすのがいやで、ずっと私の父さんと母さんの所で暮らしていたんだもの。それで、老クレア・ジョーダン（シッドの母親）は、ずっと父さんと母さんを憎んでいたんだもの。シッドおじさんが、母親である自分より私の父さん母さんを愛していたから。嫉妬《しっと》してたのよ」

「……おじさんの遺言だって言ったら、わかってもらえない？」

ローラはぎゅっと眉《まゆ》をひそめ、首をふりました。

「とんでもない！　私まで殺されちゃうわ。――ほんとうよ。彼らに逆らったら、殺されちゃうのよ。彼らにはそういう力があるんだから」

声をますます低め、早口でそう言ったローラの顔には怯《おび》えの色が浮かんでいました。

「――シッドおじさんを殺したように」

「え？　シッドおじさんは心臓発作で亡くなったんでしょう？」

「そうよ。おじさんはジェラルトンの病院で死んだわ。――でも、彼らが殺したのよ」

当時の私には、その言葉がどういう意味なのか、まったくわかりませんでした。突然、不条理の世界に落とされたようで、混乱してしまった私は、ローラが興奮しながら、しゃべりまくっている言葉さえ、聞き取れなくなってしまったのです。もともと英語は不得意でしたが、理屈が通っている間は不思議と理解できるもので、それまで不自由は感じていませんでした。ところが、理屈がわからなくなったとたん、私の英語力の未熟さがネックになってしまったのです。

ローラは結局、シッドおじさんの遺体を遠いマウント・マグネットまで送ったのでした。

ローラの家族と、シッドおじさんの老母クレア・ジョーダンを筆頭にしたジョーダン一族との確執の深さや、それゆえにバディマヤの中でローラの家族が置かれている微妙な位置についてわかってきたのは、この後、三年以上もたってからでした。

この時はただ、故人の遺言さえ無視する「伝統集団の法」というものの非人間的な厳しさに、そして、もうまったく伝統集団とは関わりがないように見えたローラたちが、実はこんな風に「伝統集団の法」に縛られることがあるのだということに、驚いていたのです。

また、ローラが、「法」を尊重し一点の疑いもなく信じて従うというのではなく、その遵守をあくまでも要求する親族たちを「人を呪《のろ》い殺せる人、変な人」だと恐れていることを知って、「アボリジニ」は——たとえ、同じ地域に暮らし、同じ伝統集団に属している人々でさえ、決して均質ではないのだと、思い知らされたのでした。

この小さな田舎町《いなかまち》に感じていた衰退の気配は、翌年には生徒数激減によるセント・ジョセフ小学校の閉鎖という形で現われ、やがて、ローラたちは妹のシェリーの家族だけをミンゲニューに残して、ジェラルトンへと移っていきました。

ローズマリおばさんやシェリーを訪ねて毎年ミンゲニューを訪れる度に、彼女らは歓待してくれましたが、年ごとに、ミンゲニューの町から、まるで静かに水が流れ出すように、アボリジニたちがジェラルトンなどの都市へ移っていき、昼下がりの白じ

ミンゲニューにて。左から二人目の女性がローズマリ。撮影年は不明。

らと乾いた道を歩いていても、かつてのようにアボリジニと行き交うことが、なくなっていきました。

そして、四年後。ローズマリおばさんの家を訪ねると、いつもなら孫たちがにぎやかに出入りしているその家が、妙に静まりかえっているのに気がつきました。戸は開け放たれているのに、声をかけても、強い日の光に白く晒《さら》されたコンクリートのテラスから薄暗い寝室を覗《のぞ》きこんでも、人の気配はなく、虚《うつ》ろな静けさだけが漂っていました。

声をかけながら、玄関の方にまわったとき、ふと、人の声を聞いたような気がしました。目をこらすと、日の光が斜めに白く空間を切り取っている玄関ホールの奥のうす暗がりに簡易ベッドが置かれ、老人が一人毛布にくるまって横たわっていました。

近づいてみて、彼が、ローズマリおばさんの夫のアーニーであることに気がつきました。

「アーニー？　ローズマリおばさんは……？」

アーニーは起き上がる気配も見せず、しょぼしょぼと目やにのたまった目を上げ、

「ローズマリ……ローズマリは逝《い》ってしまった」

と、こもった声でつぶやくと、肩を震わせはじめました。それは、やがてはっきりと嗚咽《おえつ》へと変わりました。

いま、ミンゲニューの町はずれの日当たりのよい小さな墓地には、多くの白人住民の墓と並んで、ローラの両親と、ローズマリおばさんが静かに眠っています。

第二章　港町ジェラルトンのアボリジニ

マリアンと娘たち。マリアンの家の前で。1992年。

1 「良いアボリジニ」と「悪いアボリジニ」

ミンゲニューのパム校長に頼まれて、ジェラルトンの小学校へ移ったとき、その小学校に子どもを通わせていた三家族が、私のホスト・ファミリーとして名乗り出てくれました。この三家族は、みな白人の家族でしたが、それぞれライフ・スタイルが異なるこの三家族との暮らしはとても面白く、アボリジニ研究をするのなら、現在のオーストラリア社会の主流民族たるアングロ・ケルト系の白人のことも当然知るべきなのだ、と気づかされたのでした。

とくに、タイヤ販売店に勤めるモートンと元気な主婦サマンサが築き上げてきた、陽気なロースン一家は、アボリジニの友人たちと同様に、私をオーストラリア社会の日常生活へひっぱりこんでくれた、大切な〈場〉となりました。

この一家の飾り気のなさは天下一品。

私がはじめて泊まった日の朝、サマンサは私を食卓にひっぱっていき、

「すごい写真があるの。北部に旅したときの写真でね、ラクダやワニを見せてあげ

る！」

と、楽しげに写真を広げたのですが、私は、見せられているラクダやワニより、それを見せているサマンサが、ネグリジェだけのアラレモナイ姿だということに、度肝《どぎも》を抜かれたものです。

はじめて会う外国人が家に泊まるとなったら、私なら「日本人の代表として、いいところを見せなくちゃ」という気分がどこかで働くに違いありません。ところが、ロースンさんたちは、昨日までしてきた生活を、ただ、そのまま続けていくだけなのです。おかげで、彼らの生活を邪魔しているという負い目や気遣いを感じることなく、魚がするりと川に滑りこむように、ごく自然に彼らの生活リズムに溶けこむことができました。

彼女をはじめとして、オーストラリアの白人家庭をお邪魔するたびに、外国人に対して飾る必要を感じていない無意識の自信のようなものが、私には感じられました。それは、社会の主流であることを疑ってみることもない人々ゆえの自信なのかもしれません。アボリジニの家族と暮らしたときも飾り気のなさは感じましたが、白人家庭の場合とかすかに異なっていたのは、この「無意識の自信」という部分だったような気がするからです。

タフでやさしいサマンサ。1992年撮影。

自信たっぷりのタフネス——オーストラリア人（特に白人）をステレオタイプ化して笑いのネタにした映画が『クロコダイル・ダンディ』だとすれば、辺境《アウトバック》地域に暮らすオーストラリア人のイメージは、こういう気取りがなくて、のんきで、タフな田舎者《いなかもの》ということになるでしょう。

ジェラルトンはいわゆるアウトバックではありませんが、この町から北は広大なブッシュ・カントリーだという、いわば州南部（都市部）と州北西部（辺境）との境目に位置し、パースに暮らす人たちからは、よく「荒っぽい田舎町」のイメージで描写されていました。

ステレオタイプの危険性は充分承知しつつ、それが「他者を見たときに特徴的に見えるイメージ」なのだということを実感したのも、サマンサたちと暮らしたときでした。

アボリジニの友人たちとキャンプに行って数日留守にして帰ってきたときのこと。ただいまぁ、と居間に入っていくと、サマンサが頭の天辺に氷袋を当てながら、ビール片手に友人たちと大笑いしているではありませんか。

びっくりしている私の肩を、サマンサは大笑いしながらバンバンたたき、

「交通事故に遭《あ》っちゃったのよ、今日！　崖《がけ》に乗り上げて、車がひっくり返っちゃってね。気がついたら天と地が逆さま。頭を天井にぶつけて、目から火花が散っちゃったわよ」

見て見て、とTシャツの襟《えり》をひっぱって、シートベルトで擦れた、真っ赤な火傷の跡を見せてくれました。テラテラしているところを見るとなにか傷薬は塗ったようですが、それにしても、そんな事故を起こしたばかりで、「病院？　明日行くわ。今日はまずビール」と笑っている彼女に、女版クロコダイル・ダンディを見てしまったものです。

こんな風に書くと大トラ・ガラッパチの女性を想像されるかもしれませんが、サマンサは裏表のない、大らかなやさしい人で、小学校の頃からの親友だというアボリジニ女性が、時々遊びにくることもありました。その女性は、アボリジニが差別されて

いた当時でも、サマンサは今とまったく同様に、気楽に友達づきあいする子だったと言っていました。

そういう仲良しの友達がいるせいか、サマンサはアボリジニに対しても、好感を抱いているようです。それでも時折、ポロッと苦情を漏《も》らすこともありました。

九年前、まだ小学生だった息子が、新しいスニーカーを買ってくれと駄々をこねたとき、

「アボリジニじゃないんだから、スニーカーを買うにもお金がいるのよ」

と言ってから、私を見て、こう付け加えたのです。

「小学校でね、アボリジニの生徒には優遇措置として靴や備品を用意してあげることがあるの。白人にはそんな措置はないけどね。彼らは貧しいっていう意識があるんでしょうけど、現実は、彼らはうちの息子よりいい靴を履いているわけ」

にやっと笑いながらのセリフでしたが、心の中の不満を隠すつもりはない言い方でした。

旦那《だんな》のモートンは、外見はへらへら陽気ですが、サマンサよりずっとナイーブです。アボリジニについては「いい奴もいるが、悪い奴やクズも大勢いる」というのが持論。

私が、土地権闘争をしているアボリジニ男性と明日会うのだ、と話したとき、彼は、さっと鼻にしわをよせて、「くれぐれも気をつけろよ。奴と奴の父親は、店に来て、タイヤのパンクを直させておいて、「白人に払う金はない」って言うような奴らだからな」と、いかに彼らが非常識で強引だったかを、くわしく聞かせてくれました。

お陰で、そのアボリジニ男性に会うのが恐ろしくなってしまったものですが、実際に会ってみると、彼は穏やかでやさしい、礼儀正しい青年でした。ただ、権利回復を願う意識が強いアボリジニである彼は、白人に対する激しい嫌悪感をむきだしにしていて、今度は彼からたっぷりと白人の悪口を聞かされたのでした。

木曜日の夜に町に出ようとして、ロースン家の娘に止められたこともあります。

「今夜は町に行くのは止めた方がいいわ。ペンション・デイ（年金や失業手当が出る日）だから、アボリジニが飲んだくれて、ケンカ騒ぎを起こしているわよ。あなたはアボリジニの研究をしてるし、友達もいるから、彼らを悪く思いたくないでしょう？でもね、あなたがつきあっているようなアボリジニは、いい人たち（good ones）だけど、悪い奴ら（bad ones）も大勢いるのよ。これが現実」

当時十七歳だった彼女は、父親そっくりの口調で、諭《さと》すように、そう言ったのでした。

彼女は私がつきあっているアボリジニを「いいアボリジニ」と分類してくれましたが、実際には、当時からつきあいが始まっていたアボリジニは、みな身内に、飲んだくれて暴力をふるったり、刑務所のお世話になっている人を抱えていました。

レンタカーに二人のアボリジニを乗せてジェラルトンの街なかを走っていたとき、サイレンを鳴らしている警察の護送車とすれ違ったことがあります。それを目で追っていた彼女たちは、まるで、すれちがったのがタクシーででもあるかのような口調で、

「いまの見た？　甥《おい》っ子の○○が乗ってたわ」

などと、話しているのです。

「……なんで逮捕されたのかな？」

と言うと、二人は肩をすくめ、ため息交じりに答えました。

「昨日の夜、レストランに石を投げ込んだのが、あの子だってバレたんでしょ」

ウィルーナという西部沙漠地域の町にいたときにも、これとよく似たことがありました。

ある建物の庭に、いつも、おおぜいのアボリジニが車座になっているので、あれは一体なんの建物の庭？　と聞いたところ、留置場の庭だと言われたのです。

留置場の芝生に、毎日やってきては一日だべって過しているのは、拘留されている

アボリジニの家族や親族であるとのこと。……刑務所との距離感が、白人とはまったく違うということを、つくづくと感じさせられた経験でした。

アボリジニの拘留率は、白人よりも、はるかに高いのです。

「白人野郎だって、飲んで女房をぶん殴るけどよ、閉めたドアの向こう側でやっているから捕まらないのさ。おれたちゃ、外でやってるもんで、捕まりやすいんだよ」というアボリジニ男性のセリフは、これもステレオタイプの認識になっているようで、あちらこちらで（アボリジニからも白人からも）同じセリフを聞かされたものです。

警官に全く差別意識がない……とは思えません。あまりに高い検挙率は、白人であったなら見逃されるようなケースでも拘留されることを暗に示しています。

そして、留置場の中で不審な死を遂げるアボリジニの異常な多さに、ついに調査の手が入りました。現在、政府関係の書店には、分厚い「アボリジニの拘留死問題報告書」が何冊も並んでいます。

「アボリジニは未開人で放浪の民だから、拘留されて監獄に閉じ込められると元気がなくなり、絶望して自殺するのだ」という説明をよく耳にし、また新聞記事等で読んだこともあります。……が、これもまたステレオタイプの言説に過ぎません。掘り起こされた現実の中には、留置場の塀の内側で、看守や警官によって行われた残虐な

――時には殺人に至った可能性もある暴力行為が、確かにあったのですから。

この原稿を書いている最中に送られてきた「ヤマジー・ニューズ」（この地域のアボリジニのための新聞）の第一面に大きく掲げられていた記事は、あるヤマジーの青年が拘留された翌朝、留置場で首をつって死んでいるのが発見された事件で、その死の真相を求める親族たちのデモの様子が記されていました。

白人が、アボリジニに対して公平であろうとして口にする「よいアボリジニも悪いアボリジニもいる。白人社会と同じように」という言葉。彼らが言う「よいアボリジニ」とは、社会規範を守って、よき社会人として生活しているアボリジニを指すのでしょう。

アボリジニたちも、それが大切だと思っていないわけではありません。けれど、その奥に、もうひとつの基準が垣間見えるときがあるのです。それは、いわば「アボリジニの世間」の基準とでも言えるでしょうか。白人とアボリジニでは文化が違うのだから、「よい」「悪い」の基準も全く違うのだ、と言ってしまえれば簡単なのですが、少なくともこの地域においては、そう単純なものでもありません。

白人社会の規範を、ある部分では当然のこととして受け入れながら、どこかで、自分たちの世間での基準でものを見、行動している部分がある……それは、ここからここまでがそうであると線引きをし、留めてしまうことのできない、微妙な意識なのです。

2　元気なマリアンと娘たち

「調査中によく言われる言葉」の、おそらく三位以内に入るのではないかと思われるものに、「私は、そういうことはよくわからないけど、○○さんならきっと知っているから、彼女／彼に聞いて」というフレーズがあります。自信がないか、あるいは単に面倒臭いので、別の人にバトンを回してしまう時の決まり文句なのです。

ジェラルトンの中でも、特にアボリジニが集住しているレンジウェイ地区の公立小学校で、ミンゲニューの時と同じ手でコネを作ろうとアボリジニ教育補助員の女性を訪ねたときにも、この言葉で、私は別のアボリジニ女性へ回されてしまったのでした。

「私は〈アボリジニ文化〉なんて、よく知らないわ。町で生まれ育ったのだから」

「いえ、あの、私は町で生まれ育った方のお話が聞きたいのですけど……」

「でも、私はやっぱり適任じゃないわ。いい人がいるから紹介してあげる。彼女のお母さんはワジャリ語話者で、彼女の家族は、ジェラルトンのアボリジナル・コミュニティでは重要な人たちだから」

というわけで、私は、アボリジニ生徒用特別室の小さな椅子《いす》にポツンと座って、放課後にやってくるという、そのアボリジニ女性を待つことになりました。

アボリジニの抱えている社会問題のひとつに、アルコール中毒、ドラッグ中毒があります。親がアル中の場合、子どもたちはろくに食事もさせてもらえず、もちろん宿題を見てもらうなど夢のまた夢。たとえ試験でよい点をとって大喜びで親に見せても、くしゃくしゃっと丸めて捨てられるだけ。……そういう子どもたちが、親に励まされつつ、毎日宿題を見てもらっている白人の子どもたちと張り合っていくのは、並大抵のことではありません。

低学年のうちは、それでも先生に誉めてもらえれば嬉《うれ》しいので、楽しそうに授業を受けている子どもたちも、やがて高学年になり、少しずつ自分が生きている社会が見え始める頃になると、目に見えてやる気を失っていくことが多いのです。

すでにドロップアウトし、毎日ぶらぶらしているティーンエイジャーのイトコたちから、「がんばったって、どうせ白人のようには生きられないんだぜ」とからかわれ、カッコイイ彼らとの仲間意識を守りたくて、一緒に行動するうちに、やがて、セカンダリー（中学校）の途中でドロップアウトしていく……こういう少女たちは、十代の後半で妊娠・出産を経験することも、めずらしくありません。生まれた赤ん坊は、若い母親だけでなく、オバたちや、祖母、祖母の姉妹たち、そして、曾祖母《そうそぼ》（彼女らは、たいがい親族の中で中核的役割を担っている長老的な存在）という親族の女たちによって、育てられていくのです。

しかし、そういう、セカンダリーもまともに卒業していない若い親（多くは、母親だけで、父親はいないケースがめずらしくありません。その方が母子家庭を対象とした福祉の恩恵を受けられるという事情もあります）が、きちんとした収入のある職につけるはずもなく、退屈さを紛らわせるためにアル中になっていく……こんな悪循環が、くり返されていくのです。

これは、ジェラルトンの小学校で、「アボリジニ生徒の学校教育への不適応の背景」を調べていたとき、先生方の共通認識として語られた「不適応の原因としての家庭的背景」のステレオタイプの物語であり、また、私自身が調べていても、よく見えてくる図式でした。

当時、教育省は現場レベルでの様々な教育改革を行っていました。ローラのようなアボリジニの教育補助員を雇ったり、アボリジニ生徒用の特別教室をつくって、授業から取り残されてしまった生徒に特別授業をしたり、宿題などとてもできない家庭環境にある生徒たちのために、放課後、宿題をみてあげるシステムなどを導入していたのです。

私がその日待っていた、マリアンというアボリジニ女性は、放課後クラスで宿題をやっている子どもたちに、ご褒美《ほうび》として手作りのオヤツを持ってくる役目を買って出た女性とのこと。オヤツの材料費は学校もちですが、手間賃さえ出ないのに、週に三日欠かさずに行っていると聞いて、教育ママ的なストイックな女性を想像していました。

ところが……。お盆にホット・ドッグを積み上げて入ってきたのは、百五十センチそこそこの、ころっと丸い感じの中年女性。彼女はにぎやかに笑いながら入ってきたかと思うと、大声で子どもたちを呼び集め、楽しそうにホット・ドッグを配りはじめました。

一番印象的だったのが、その声の大きいこと。普通に会話するときも、彼女は陽気に笑いながら、怒鳴っているような大声で話すのです。

「アボリジニのこと？　私はむずかしいことはわからないけど、お母さんや姉さんたちはワジャリのことをよく知っているの。きっと、あなたに会ったらよろこぶと思うわ！　アボリジニのことを日本人に知ってもらえるなんてステキじゃない？」

満面に笑みをたたえているその顔は、子どもっぽいとさえ言えるほど明るく、どんな人だろうと緊張していた気持ちを、いっぺんにほぐしてくれました。

「これから、ヒマ？　家に来てスコーン作りを手伝ってくれない？　これが重労働なのよ。貧乏でミキサーが買えないから、バター潰《つぶ》すのも手作業だもんで。あはは！」

あれよあれよという間に彼女のペースに巻きこまれ、私は、〈I♡JESUS!《アイ・ラブ・ジーザス！》〉というステッカーが貼《は》られた中古車に乗せられていました。よく見るとルーム・ミラーはガムテープで天井に留められ、シートもガムテープで補強されています（ちなみに、雨が降ったとき、ワイパーを動かしたら、ワイパーが外れて、ぶっ飛んでいったこともありました）。

ついさっき出会ったばかりの日本人を隣に乗せているのに、マリアンはさして緊張した様子もなく、タラララ〜ッと鼻歌を歌いつつ運転をはじめました。

学校の先生らしく人前では私を「ミス・ウエハシ」と呼び、内輪では「ナホコ」ときちんと発音するローラとは対照的に、マリアンは、さっと腕をくんで「仲良くしようね！」という少女のように私とつきあいはじめ、名前を呼ぶときも、独特の調子をつけて、「ナコゥ！」と呼びます。抱擁《ほうよう》の仕方も対照的で、ふわっと上から抱きしめる感じのローラに対して、私とほとんど同じ背丈のマリアンは、いつも、ぱっと腕をひろげ、「ナコゥ！」と叫びながら、ぎゅっと抱きしめてくれるのです。

ローラとマリアン……性格はまるで異なるこの二人が、それぞれのやり方で、ゆっくりゆっくり、アボリジニの世間が垣間見える位置に持ち上げてくれたのです。

マリアンの家は、レンジウェイ地区にありました。寝室二つと居間・風呂・トイレ・キッチンという小さな賃貸住宅で、玄関を入るとまず目についたのは、壁の、足で蹴破《けやぶ》られたらしい穴でした。まだ小学校低学年の二人の娘と暮らしている彼女の家は、それでも、女性らしい感覚で飾られていて、家族や親族の写真がたくさん貼《は》られていました。

狭いけれど居心地のよい台所には陽光がさんさんと差し込んでいて、私は大きなバターの塊《かたまり》が入ったボールをフォークとともに渡され、スコーン作りを手伝うはめになりました。

「私、お菓子作りが大好きなの。でも、これも大事な商品なのよ。近くのパン屋さんが買ってくれるんで、ずいぶん助かってるわ。今日の商品はパンプキン・スコーン。私はカボチャを煮るから、ナコゥはバターを潰《つぶ》して」

彼女が言ったとおり、これがかなりの重労働。なんで私はこんなことをやっているんだろう？　と思いつつ、三十個程のスコーンを作るためのバターを、汗をかきながらフォークで潰していると、突然堅い足音がして、台所に影がさしました。

ふりかえると、ブーツを履いた背の高い白人男性が裏口に立って、じっとこちらを見下ろしていました。スリムながら、いかにも力がありそうな男性で、サングラスをかけて、腕組みしている雰囲気が、どこか恐ろしく、私は黙って、マリアンが彼と話しはじめるのを見ていました。

小声で二言三言話すと、マリアンは出ていってくれ、というような仕種《しぐさ》をし、彼はほとんど何も言わずに出て行きました。

「……元の亭主」

マリアンは肩をすくめて、カボチャのナベの所に戻りましたが、しばらくして、

「私は、むかしはバカな娘だったの。むかしはカッコよく見えたのよ彼が。飲んで暴れるんで、別れたんだけどね。見たでしょう？　壁の穴。彼が蹴破《けやぶ》ったのよ。娘の教育によくないんで別れたのに、よく、ああやって娘たちに会いにくるのよ」

「娘さんたちは？」

「今日は、彼の両親の家に遊びに行っているわ。そう教えてやったから帰ったのよ」

フォークで、カボチャをぐちゃぐちゃつぶしながら、マリアンは首をふりました。

「娘たちは彼が好きなの。好き勝手にさせてくれるから。でも、悪い遊びを平気で教えるのよ。なるべく会わせたくないんだ……」

フィールドワークというのは、おかしなもので、まったくなんの出会いもなく、誰からも話を聞けない日があるかと思うと、まるでジェットコースターに乗せられたように、次から次へと新しい状況へ飛び込んでいく日もあるのです。

その日は、まさにそんな一日で、マリアンにくっついて動きまわっているだけで、それまで外側から眺めているだけだったジェラルトンのアボリジニの日常に、いつのまにか、少しずつ足を踏み入れていたのでした。

スコーンを無事焼き上げて、パン屋に渡した頃には、もう日が傾きはじめていました。

マリアンの車に乗せられたまま、次にやってきた先は、娘たちを預けていた元夫の両親の家でした。正直なところ、白人の舅《しゅうと》姑《しゅうとめ》とマリアンがどんな感じでつきあっているのか、興味津々《しんしん》でついていったのですが、ごくあっさりと会話をかわしたきりで、マリアンは、帰りたくないと駄々をこねている娘たちを怒鳴りつけて、さっさと車に乗せてしまいました。

そのときは、彼らの関係は、とくに仲がよくも悪くもない——まあ、別れた夫の両親とならこのくらいの関係かなという程度のつきあいに見えたのですが、数年後に、マリアンは、こんな言い方で彼らとの関係を説明したのでした。

「結婚した直後でも、彼ら（夫の両親）とは身内らしいつきあいじゃなかったわ。最初から、私たちの結婚を快く思っていなかったから。娘たちには、やさしい祖父母としてふるまってくれたけど、私とは、街で出会ったら、ハローって言う程度の関係よ」

マリアンは、よく庭の傾《かし》いだテーブルに錆《さび》だらけの菓子箱をのせて、その中から変色した写真をとりだして見せてくれました。ある日、見せてくれたのは、赤ん坊を抱いているマリアンと、わきに立っている元夫の写真でした。

「むかし、パブでファーストフードを出す仕事をしてたの。そのときに彼と知り合って、同棲《どうせい》を始めたのよ。数年同棲した後で、サリーナができて、正式に結婚したわけ」

マリアンの娘たち――サリーナとニキーは色白で、マリアンと一緒にいなければ、まず、アボリジニだとは誰もわからないでしょう。マリアンの愛情をいっぱいに受けて育った彼女らは、かわいくて元気いっぱいの腕白娘たちでした。

3　親族がいっぱい

月日を経るごとにマリアンとの関係は深まり、私は彼女の家に居候《いそうろう》したり、彼女と娘たちと、遠い親戚《しんせき》が住む大牧場《ステーション》に行ったり、ブッシュでキャンプを楽しむようになりました。

彼女らの毎日は、貧しいということを抜きにすれば、一般的なオーストフリア人とたいして変わりません。その貧しさも、現在は社会保障がしっかりしていますから、このあたりのアボリジニの場合は、飢えるほどの貧しさではありません。

たとえば母子家庭であるマリアンの場合。彼女がアボリジニの老人福祉施設でパート・タイムで働いて得る月六百ドル（約六万円）の給料と、社会保障で支給される三百八ドルの計九百八ドル（約九万円）が月の総収入。光熱費は月平均八十ドルで家賃は二週間で百三十ドル。月三百四十ドル（約三万四千円）程が基本的な生活費として出て行くのです。というわけで残りは五百六十八ドル。単純計算をしても一日十八ドル（約千八百円）で親子三人が暮らすわけで、食費をひいたら、ほとんど手元には残

葬儀の帰り道にブッシュで昼食。左端がマリアンの母ドリー。手にもっているのはカンガルーの尻尾の蒸し焼き肉。その隣の少女はマリアンの娘ニキー。そして、ジョン、ひとりおいてマリアンの娘サリーナ、マリアン、マリアンの姉。1991年撮影。

らないのです。

「うちの電話はスゴイ、グッドアイディアものなのよ」

と、マリアンが自慢していたことがあります。何がどうグッドアイディアなのかと言うと、受信はできるが送信はできない電話なのでした。電話料を払うお金がないマリアンにとって、タダで電話を受けられるのはスグレモノのアイディアだったわけです。

アボリジニの世間では、噂《うわさ》はあっという間に大勢の間に広がっていきます。電話は、その情報網を保つための大切な道具。電話料が払えないからと言って、受信まで止められて

しまったら大変です。マリアンいわく、

「電話をかける時は雑貨屋へ行かなきゃならないのが、ちょっと面倒だけどね」

ちなみに、このパターンはマリアンの家だけではなく、ローラも、時々この「受信専用電話」状態でしたから、結構一般的なのかもしれません。アボリジニだけではなく、貧しい白人の家庭も、同じシステムを利用しているのではないでしょうか。

そんな彼女らの生活で、白人と最も違うところをあげよと言われたら、やはり真っ先にあげられるのは（彼ら自身もよくそう答えるのですが）親族とのつながりの濃さでしょう。

ジェラルトン近辺の地域に住んでいるアボリジニの家族を対象に、個人が記憶している親族を系図にして調べてみたことがありますが、その膨大なこと！　誰もが百人以上もの親族を記憶しているのには、つくづく驚きました。ある中年女性が記憶していた親族の系図は、画用紙を横に十枚つなげても書ききれないほどで、彼女に家系図を清書してあげる、などと申し出た自分の浅はかさを嘆く結果になりました。

だいたい、自分の両親と、兄弟姉妹とその配偶者と子どもたちという三世代だけで百人を超えてしまうという家族がざらなのです。その上、両親それぞれの親族や兄弟姉妹の配偶者の親族まで辿《たど》っていったら、三次元のコンピューター・グラフィックでも使わなければ正確な系図が描けないほどの複雑さです。

ミカサーラという西部沙漠地域の縁にある町で、「曾祖母《ひいおばあ》ちゃんの誕生パーティが開かれるから連れて行って」とマリアンの妹の子どもたちに頼まれて、彼女らを車に乗せて、ジェラルトンから往復千六百キロをドライブしたことがあります。

その曾祖母《ひいおばあ》ちゃんは、来豪したダイアナ妃に美しく彫刻したエミューの卵をプレゼントしたことで有名な方で、その年八十歳の誕生日を迎えたのでしたが、パーティに行ってびっくり。会場は町の公民館で、集まった子どもたち、孫たち、曾孫《ひまご》たちとそれぞれの家族、玄孫《やしゃご》まで含めて、なんと数百人を超す親族が彼女の誕生日を祝ったのです。壮観でした。

この誕生パーティで忘れられないエピソードをひとつ。マリアンの妹の次男ジョナサン（当時十歳）が、パーティも夜十時を過ぎた頃、そっと私の所へやってきて、

「ナコ、疲れたんじゃない？　家（その日泊めていただくことになっていた、ジョナサンの祖母の家）に帰りたかったら、ぼくが連れて帰ってあげるよ」

と言うのです。私はてっきり、彼も帰りたくなっているのだろうと思って、

「ありがと。それじゃ、お願いするわ」

と答えると、彼は実にゆきとどいたエスコートぶりで、私を家まで送り届けてくれ

ミカサーラの誕生パーティ。左から著者、ジョナサン、ジョナサンの祖母、ジョナサンの姉ニキータ。1992年撮影。

ミカサーラの誕生パーティ。誕生日を祝いに集まった孫、曾孫、玄孫たち。

たのでした。そして、私が玄関に入るのを見届けるや、くるりと踵《きびす》を返すではありませんか。

「あれ？　ジョナサンはまたパーティへ帰るの？　もうずいぶん遅いよ」

「ぼくは、つきあいがあるから、まだ向うにいなくちゃ。ナコは今日長い運転して疲れてるだろうと思ったんだ。夜道は危険だし。だからさ」

と言って、スタスタと会場へ帰っていったのです。……わずか十歳の少年の、このスマートな心遣いと、「女性をきちんと送る」という意識に、私は本当に驚いたのでした。

それはさておき、彼らは膨大な親族のすべてと、おなじ親密さでつきあっているわけではありませんが、少なくとも近隣に暮らす親族とは実に頻繁に行き来しています。

また、たとえば日本で「お祖母《ばあ》さん」と言ったら、自分の母と父の母を指すわけですが、私の調査地のアボリジニたちは、母方・父方の直系の祖母以外に、その祖母の姉妹たちも「お祖母さん」として、甘えていました（もちろん「お祖父《じい》さん」も同様です）。

こういう親族関係こそが、最も重要で基本的な人間関係であることは、伝統を守って暮らしている辺境のアボリジニにも、都市のアボリジニにも共通していますが、その親族関係をきちんと秩序づけるために機能していた複雑で厳格な婚姻規則は、町で暮らすアボリジニの間では、かなり変容しています。

とはいえ、葬儀と婚姻に関する厳しい決まりは、いまなお強く守られています。よく白人が、アボリジニを雇わない理由として「やつらは、しょっちゅう葬式に参列するために欠勤するんだよ。重要な仕事があってもおかまいなし。親族が多いから、いつも誰かが死んでるし、いったん葬儀に出かけたら数週間帰ってこなかったりするんだぜ」と言いますが、確かにアボリジニの世間で「知り合いの葬儀に出席しない」というのは、よほどの理由がないと大変な批判を受ける不義理なのです。

また、系譜上近い親族との婚姻は絶対に許されないタブーで、ジェラルトンのアボリジニの間では、「サード・カズン（祖父母の兄弟姉妹の子どもの子ども同士）」という、日本ならかなり遠い親族でさえタブーの対象です。

マリアンを車の助手席に乗せ、マリアンの娘たちと、マリアンの姉妹の娘たちを後部座席につめこんで走っていたときのこと。その日はフットボールのウェスト・コースト・イーグルス（西オーストラリアのチーム）と、他州のチームの試合が行われていて、ラジオから流れる中継にマリアンは興奮しまくり、声をからして応援していました。その背後では、子どもたちが、今日一緒に遊んだイトコたちの噂話《うわさばなし》をしていました。

娘たちの話が男のイトコたちの話になり、あの子がカッコよかった、と誰かが言ったとたん、マリアンが、ぴたっと応援を止めたかと思うと、振り返って、「バカなことを言うんじゃないの！　あの子はあなたたちのイトコよ！」と、どきっとするほど厳しい口調で怒鳴ったのです。……親族に対する婚姻タブーの厳しさを垣間《かいま》見た一瞬でした。

白人とつきあっても、十代で子どもを産んでも、およそ親たちが額に青筋をたてて怒るということはありません。娘や息子の恋愛や妊娠出産に、彼らは驚くほど寛容です。ただ、決して犯してはならないタブーがあり、それが彼らの婚姻規則から外れた婚姻なのです。

現在は若い白人たちもそうですが、アボリジニは登録しない「事実婚」がほとんどです。「登録なんかしたら、離婚するとき裁判やらなにやら大変じゃない」というのがその理由で、最初から別れる可能性を含んでつきあっていることがよくわかります。

あの知的なローラでさえ、二人の息子の父親はそれぞれ別の男性で、しかも現在暮らしているボーイフレンドは、息子たちの父親ではありません。だからといって、二人の息子の間が疎遠かというと、まったくそんなことはなく、彼らはとても仲の良い兄弟です。

　ちなみに、現在のボーイフレンドのディッキーは、料理から掃除までこなす。当年とって五十歳の気のいいオジサンですが、かつてオーストラリア全土を転々としながら牧童やら道路工事作業員等をし、その時暮らした土地ごとに五人の妻と七人の子どもがいるというツワモノ。最近、その妻のうちの一人が、ローラの家のそばに引っ越してきたから、さあ大変。ローラとディッキーの間には険悪なムードが漂っています。

「夜道で彼女（ディッキーの元妻）に出会ってケンカになってさ、思わずカッとなって、彼女を道路《どうろ》脇《わき》の金網につきとばして、ぶん殴っちゃったわ！」などとローラに言われると、ミンゲニューで出会った頃は想像もしていなかった彼女の激しさに唖《あ》然《ぜん》としてしまいます。

　ディッキーはやさしい人なのですが、酒が入ると人格が変わるので、つかみあいの大喧嘩《おおげんか》の末、ローラが姉のマリアとともに家を飛び出し、「シェルター」と呼ばれる女性のための施設に入ってしまうことも、しばしばです。

「ディッキーは、不公平よ！　私が稼いで、皆で暮らしているのに、あんな女とまたつきあうなんて……！」ローラは低い声で愚痴りますが、彼女が愚痴っているテーブルの横のソファーで、話題になっている元妻とディッキーの間に生まれた息子が、深刻な顔をしてうなずいていたりするから、不思議です。

「父さんはよくないよね。ぼくは男として、そう思うよ」と、したり顔で言っているその少年は、実母と暮らすのがいやだと言って、ここ数日ローラの家に居候《いそうろう》しているのです。

こんな風に、どこかで親族関係にある人が、誰かの家に転がり込んで居候しているというのは、アボリジニの家にいるとよく見る光景です。それにしても、自分の母親が原因でケンカをしている父とそのガールフレンドの家に居候を決め込んでいる少年と、それを許しているローラを見ていると、私には、つくづく不思議な関係だなと思えてしまいます。

ちなみに、かつて私の教え子だった、あの可愛いアーサー（聖地を継ぐ者になってほしいとローズマリおばさんが期待していたローラの次男）は十九歳で、現在一児の父です。高校時代から、あるアボリジニの少女とつきあいはじめ、卒業したてでお父さんになってしまったのです。アーサーの息子はロドニーという立派な名前をもらい、いまアーサー一家はローラの家で暮らしています。アーサーとロドニーのお母さんは結婚はしていませんが、仲睦《なかむつ》まじい家族ぶりです。

日本だったら、結婚もしておらず稼ぎもない息子とそのガールフレンドが、母親の稼ぎを当てにして赤ん坊を育てていたら、母親は不満を口にしそうなものですが、ローラは私にアーサーが父親になったことを自慢し、ローラの姉のマリアは家事のきりもりをしながら、大喜びで赤ちゃんの世話をしているのです。

これはローラの家だけではなく、ほかのアボリジニの家族でもごく普通に見られる形です。マリアンの妹の娘たちも、それぞれ結婚せずに子育てをしていますが、養育費はボーイフレンドが稼ぐのではなく、母子手当や失業手当と親族の誰か稼ぎのある人からの援助で育てています。赤ちゃんは、叔母さんやお祖母《ばあ》さん、そしてイトコやハトコたちと、つねにたくさんの親族に囲まれて、いわば親族全体の子どもとして育っていくのです。

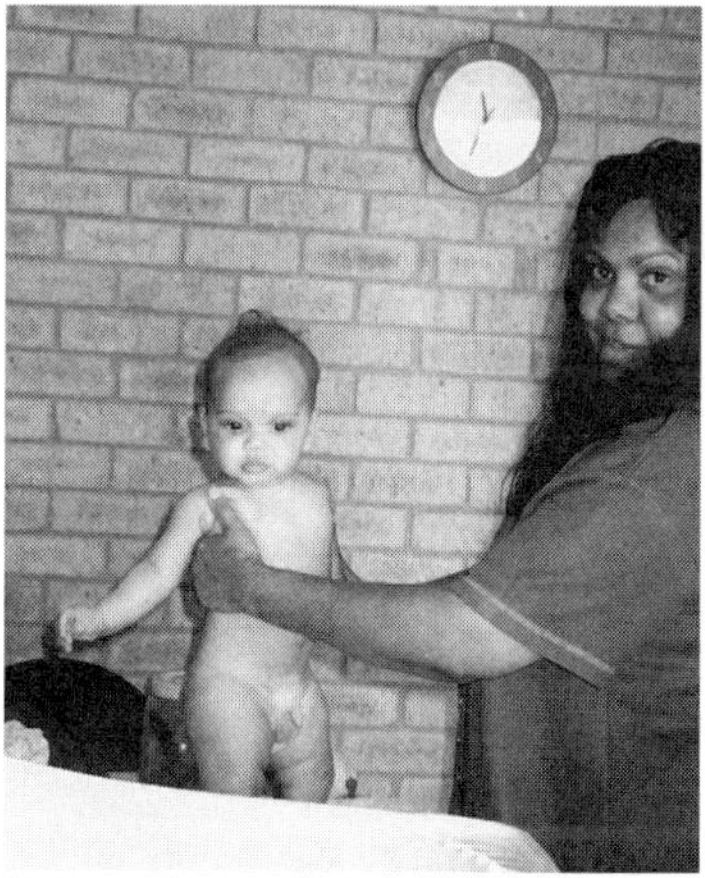

アーサーの息子ロドニーを入浴させるローラ。

4 退屈という闇

マリアンの二人の娘のうち、次女のニキーはしっかり者なのですが、長女のサリーナは、どこか不安定なところがあり、マリアンはそれを心配していました。やがて、ティーンエイジャーになると、なかなか美しい娘に成長した彼女は、さっさと高校を退学し、刺青《いれずみ》をしたり鼻ピアスをつけたり、夜中に出歩いたりと、マリアンを悩ませることになります。もとはエネルギッシュで周囲をぱっと明るくするような溌剌《はつらつ》とした子であるだけに、燃える場を見出せない不満と、空回りしているような虚《むな》しさが際立って見えるのでしょう。

「ただ退屈なの」と、とても十六とは思えない赤ん坊のような甘えた表情で、よく彼女は言います。

一度、彼女と仲間のアボリジニの少女たちが、私に、車に乗せて、と言ったことがあります。買い物にでも行きたいのかと、頼まれるまま車に乗せたのですが、「そこを右に曲がって！　すぐ先を左、次を右！」と、彼女らは、気が狂ったかのように次々と叫び、なにが起こっているのかわからぬまま、ひたすら走らされました。

さすがに腹が立ってきて、いったいどこに行きたいの？　目的地を言いなさいよ、と怒鳴ってもキャーキャー笑うだけ。気がつくと、マリアンの家の前にもどっていました。

「ありがとう、ナコゥ。ちょっとは退屈が紛れたわ」

甘えた声でそう言われたとき、彼女たちの胸に巣くっている「退屈」が、どんなに深い闇《やみ》であるかを垣間《かいま》見たような気がしました。それがただのティーンエイジャー独特の反抗期なのだ、と私に感じられなかったのは、その「退屈」に、アルコール依存に苦しむ多くのアボリジニたちの空虚感と似たものを感じてしまうからなのでした。

サリーナ、サリーナ、サリーナ……と、時折、マリアンは暗い表情で、独り言のようにつぶやいています。あなたは優しすぎるよ。ぎゅっと腕をとって強引に方向を示してもらうのを、内心では待ってるんじゃない？　と言うと、マリアンはあきらめたような笑みを浮かべて、首をふりました。

「ナコゥ……。私も、むかしは、あの娘と同じだった。退屈で、パブで酒を飲んで……。お母さんは、いつも私を叱《しか》ってくれた。でも、どうしてもわからなかったのよ、あの頃は」

地方紙に掲載されたドリーの写真。「ジェラルトン・ガーディアン」より転載。

　マリアンの母ドリーは、娘たちを甘やかすことなど想像もできない厳しい女性で、あの母に育てられても同じだったのだとしたら、原因はマリアンの優しさではないのでしょう。

　マリアンの母、ドリー・ロウは、マリアンによく似た小柄でコロッとした体型の銀髪の老女です。いつもおだやかな表情を浮かべているおばあさんですが、その内側には鋼《はがね》のような強さがあり、私は、彼女から、いく度か手酷《てひど》い拒絶を受けました。

　ドリーは、牧場《ステーション》で生まれたワジャリの女性で、ワジャリ語を流暢《りゅうちょう》に話すことができます。

　学校に通ったことがないので読み書きはできないのですが、恐ろしく鋭い知性と強い自己主張の持ち主で、地方新聞にも頻繁に登場するジェラルトンのアボリジニ女性のリーダー的存在です。アボリジニの子どもたちに、ワジャリの文化を伝えるために、学校にも、「リソース・パースン（伝統知識を保持し、伝える人）」として、よく招かれています。

マリアンと暮らしていると、日常生活のほとんどの時間は、近所に暮らす母親のドリーや姉妹たちの家で過ごすことになり、自然に彼女らともなじんでいきました。

それで、出会って数カ月たったころ、もうそろそろいいだろうと、ワジャリの文化について教えてほしいとドリーに頼んだ瞬間、彼女の目に、きつい光が浮かんだのです。

「ワジャリの文化を教えてほしい？　で、あなたはその代償にいくら払ってくれるの？」

情報提供者（インフォーマント）とふれあい、友情と理解を深めることによって、その情報提供者自身が納得し、好意で情報を教えてくれる……それが調査だと私は思っていましたし、お金で情報を買う、というのは、なにか間違っていると思っていました。

だから、ドリーの言葉は、まるで鋭い刃物のように胸をえぐったのです。

「私がリソース・パースンをしてるのは知っているわね。授業一回につき、二十ドルを報酬としてもらっているのよ、私は。アボリジニの本を書きたいと近寄ってくる人たちがいる。出来上がった本には、いっぱい誤りがある上に、著者は金を稼いでも、せっせと時間をかけて話をし、ネタをあげたアボリジニは豊かになることはないのよ……あなたは、私になにをしてくれるの？」

恥ずかしいほどうろたえて、私は、しばらくおどおどと口ごもっていました。あの時のショックは、今でも胸に刻まれています。

「……お金を払うことはできません。読者に、ステレオタイプのアボリジニでない、私がつきあった人間としての姿を伝える努力をするだけです」

そう言うと、肩をすくめて、彼女は首をふりました。

アボリジニにとって、唯一残されている財産は「文化」なのだ——と、あるアボリジニ人権運動家に言われたことがあります。子孫に伝えていく文化遺産という意味だけでなく、そこには、アボリジニの生活状況や社会状況を改善する力に（もちろん、経済的な力にも）なりえるものとして「先住民の文化」というものを捉《とら》えている、西欧社会の価値観を逆手にとった実に鋭く、そして、したたかな意識が感じられました。ドリーもまた、そういう「先住民としてのアボリジニ」のあり方を鋭い知性で感じとっている女性なのです。

それにしても、面と向かって「私はあんたを文化泥棒だと見ているんだよ」と告げられたことは大きなショックでした。言い訳するどころか、それはある部分では真実なのですから、逃げ道もありません。

今から思うと、ドリーがああいう風に明快に拒絶してくれたことは実に貴重な経験だったのですが、当時は、近寄っていったら、バシッと叩《たた》かれた犬のように萎縮《いしゅく》してしまい、私はしばらく、ドリーとは自然な会話をすることもできなくなってしまいました。

その状態を解決してくれたのは、結局、「時間」でした。

毎年ジェラルトンに行くたびに、マリアンやその親族たちと、しゃべり、暮らしながら、一年、二年とたつうちに、いつの間にか少しずつ私たちの関係も変わってきたのです。

彼女から語ってくれるのでなければ質問はせず、彼女たちが遠い町で行われる葬儀に行けなくて困っていれば、往復数百キロを運転するドライバー役を買って出る……そういう行為の裏側に、私がどんな思いをもっているかを彼女は知っていましたし、最初にネタバレしているのですから、私の方も隠す気づかいもせずに過ごし、やがて三年目には、彼女の方からワジャリの親族名称を教えてあげようと言ってくれるようになりました。

彼女はワジャリ語話者として有名でしたが、マリアンをはじめ、娘たちは誰も、ドリーのようにワジャリ語を話すことも聞くこともできません。どうしてワジャリ語をマリアンたちに教えなかったんですか、と聞くと、彼女は吐き捨てるように言ったものです。

「どうしてかって？……もちろん、怖かったからよ！」

なにが恐ろしかったのか——その恐怖の背景こそ、この地域のアボリジニの、文化的断絶の原因になったものだったのですが、そういう事情を実感したのは、後に彼女が長い長い人生の物語を聞かせてくれた時でした。

彼女は自分がたどってきた厳しい道のりを語ってくれるようにさえなりました……ただ、思い出を赤裸々に語り過ぎた彼女は、その直後にもう一度、よくわからなかった箇所を教えて欲しいとたのんだときには、もう黙って首をふったきり、答えてはくれませんでした。

まるで間欠泉のように、彼女の私への好意は、溢《あふ》れ出したかと思うと止まり、あきらめた頃になって、また思いがけぬ形で噴き出す、ということを繰り返してきました。

そして、数年を過ぎた頃には、彼女は明確な愛情を私に示してくれるようになり、いまでは私は、彼女の心の温かさ、深さを、かけがえのないものと感じています。

相手に対して温かい感情を抱くようになったとしても、語りにくい過去というのはあるものです。とくに、辛い記憶を胸に刻んでいる場合は、語りたくないこと、どう語ったらよいかわからないことがたくさんあるでしょう。それでも彼女は、ときおり私に長い思い出を語ってくれました。そして、その彼女の語りが、私にとっては実に貴重な資料になったのです。

彼女をはじめ、ロウ一家のライフ・ヒストリー（人生／生活史）は、広大なブッシュ・カントリーの大牧場《ステーション》から、アボリジニたちが町へと移り住み、都市化していった様子を私に垣間見《かいまみ》せてくれました。

六年前から、私は、知り合った多くのアボリジニたちから、「彼らが生きてきた歴史（生活史）」を採集するようになりました。そのうちに、たとえ同じ時代に同じ年頃だった人たちでさえも、実に多様な生活をしてきたのだ、ということがわかってきました。

現在のアボリジニたちの多様性は、過去の背景ぬきには理解できません。次章では、アボリジニたちの心に思い出として残っている、この数十年を辿《たど》ってみることにしましょう。

第三章　過去への旅

牧場で働くアボリジニ。たぶん1950年代。

1 滅びるか白人になるか

ローラやドリーたちのライフ・ヒストリーをたどるまえに、まず、ごくごく簡単に、この地域のアボリジニの歴史的背景を書いておきたいと思います。

日本の社会科の教科書で、「植民が始まると、アボリジニは白人によって奥地へ追いやられた……」と説明しているのを読んだことがあります。

でも、本当は、多くのアボリジニは、「奥地へ追いやられ」たりはしませんでした。植民が進むにつれて、町を造ったり、牧場《ステーション》や農場を造っていくために、その土地に住んでいたアボリジニを白人は追い払ったでしょうが、追い払われたアボリジニは「奥地」へ逃げて行ったのではなく、ほとんどが、なんとかそこに留まって生き延びようとしたのです。

彼らは、自分たちの魂は生れ故郷の大地（世界）と強く結びついていると意識しています。ですから、故郷から引き離されるということは、彼らにとっては、植物が大地から引き抜かれるような、すさまじい悲劇だったのです。

　アボリジニは、狩猟採集民です。土地を耕すことのない彼らを、イギリス人は「土地を所有するという観念のない人々」だと勝手に決めて、オーストラリアは「無主の地（terra nullius)」だから自分たちの領土にしてよいのだと考えました。たしかに、イギリス人のような土地所有観――大地のここからここまでは「自分の物」で財産として他人に売ることもできる――というような意識は、アボリジニは持っていませんでした。しかし、それとは全く別の観念で、彼らは自らの生まれた土地と結びついていたのです。

　アボリジニにとって、大地は人間が売ったり買ったりできるような対象ではありません。大地というのは、水や大気や動植物、そして、精霊たちが一体となった〈世界〉であり、人はその大地が健やかにあるよう世話をする者に過ぎないからです。

　白人がフェンスを作って囲いこみ、勝手に「自分の牧場《ステーション》」にしてしまった大地には、彼らが生涯かけて世話をしなくてはならない「聖地」がありました。そこを守り、自分の故郷の森羅万象を守りながら生きることは、祖先である精霊たちが世界を創造したときにできあがった「法」――森羅万象と人の営みのすべてを含みこむ掟《おきて》に定められていたので、アボリジニたちは、なんとか自分たちの故郷から離れずに生きていこうとしたのです。

私の調査地である西オーストラリア州の中西部、マーチソン地域への探検は一八三〇年代に行われ、五〇年代から本格的に植民が始まりました。ごく少数の白人たちとヤマジー（ワジャリの言葉で「人」の意味。特にこのあたりのアボリジニの自称）が初めて出会った頃は、水場を教えてあげたりして、穏やかな出会い方をしていたようです。しかし、白人たちが大挙して押し寄せ、木々を勝手に切り倒し、広大な農場や牧場《ステーション》を造り始めると、次第に関係は複雑なものになっていきます。

一八七四年にこの地を訪れたフランク・ウィットナムは、この地域の「原住民(Native)」について、「いなくなった羊を追跡するのに、とても役立っており、たくさんの羊を連れ戻している」と記す一方で、この時期「原住民」が羊を殺したり盗んだりするために、トラブルが起きている、とも書いています。

イギリス人にとって家畜は命の次に大切な財産です。しかし、ヤマジーにとっては、ここは自分たちの生活空間であり、動物は狩りの獲物でした。それどころか、それまで食物を得る場であった広大なブッシュが牧場や農場にされてしまったために、木の実や動物が激減していたので、のこのこ歩いている羊に目をつけるのは、当然だったわけです。

また、乾燥が激しいこの地域では、水が湧《わ》き出ている泉は大変貴重なもので、精霊の子どもたちや聖なる水蛇が住む場所として、そこを汚すことを厳しく禁じてきたのですが、白人が連れてきた家畜は、その貴重な水場を泥だらけにしてしまいました。こうして食糧や水など生きていくために絶対に必要なものが、彼らの手から奪われてしまったのです。

一八六四年には、ヤマジーは白人入植者へ怒りをぶつけ、武力による衝突が起きています。しかし、槍《やり》とブーメランしか武器をもたないヤマジーが、銃で武装した白人にかなうはずもなく、あっという間にこの闘争は鎮圧され、アボリジニの指導者は逮捕されてしまいました。

タスマニアなどでは、タスマニア・アボリジニを計画的に殺戮《さつりく》したという歴史がありますが、マーチソン地域では、そういう殲滅《せんめつ》作戦のようなものはなされませんでした。

白人の労働力が圧倒的に不足していたので、農場や牧　場《ステーション》を経営していくためには、土地鑑のあるアボリジニを殺してしまうより、給金なしで使える労働者に仕立て上げた方が、都合がよかったからです。……そして、ヤマジーにとっても、自分の故郷で生き延びるためには、それ以外の道はありませんでした。

こうして、ヤマジーは、家族・親族ぐるみで大牧場にキャンプし、牧童として働きはじめます。「金の価値がわからない」とされていたアボリジニには、しかし、多くの場合、賃金報酬は支払われず、衣類や食糧が報酬として与えられただけでした。

日本では意外に知られていませんが、わずかな労働力しかない状態で、しかも、過酷な自然が広がるオーストラリアの中部から北部で、牧畜業がなんとか成り立っていった背景には、こういう経緯で牧童になったアボリジニの力があったのです。

一九〇〇年には、もう、この地域の八割ものアボリジニが牧童となっていました。労働条件は劣悪で、アボリジニが逃げ出すと首に鎖をつけて連れ戻すのが一般的でした。その一方で、アボリジニへの法的な規制もなかったので、おもしろいことに、この時期には、アボリジニが様々な職種につく機会もあったようです。アボリジニが鍛《か》冶《じゃ》屋や、小型帆船の船乗り等になっていた、という記録が残っています。

十八世紀から十九世紀にかけて、オーストラリアの白人たちは、アボリジニは「放っておけば、いずれ絶滅する哀れな野蛮人」だと考えていましたから、政府は非常に早い段階から、アボリジニを「保護」しようと、アボリジニ保護法を施行していました。そんな法律をつくった背景には、入植者がアボリジニを虐殺《ぎゃくさつ》、虐待《ぎゃくたい》する事件が多発していたという事情があったわけで、イギリス人がやってくる以前三十万人はいたと推定されるアボリジニの人口は、植民開始後は、白人がもってきた病気や、故意の殺戮などによって、一九二〇年には約七万人にまで激減したのです。

しかし、彼らは絶滅しませんでした。特に白人社会の中で最底辺の労働者として生きていたアボリジニの人口は、次第に増え始めたのです……皮肉なことに、その人口増加をせっせと手助けしていたのは、白人男性たちでした。アボリジニ女性を白人男性がレイプし、多くの混血の子どもたちが誕生していったのです。

私も、夜になるとパーッと車のヘッドライトがアボリジニの寝ているキャンプに近づいてきて、そこからワイワイ若い白人男性が降りてきては、勝手にアボリジニの娘たちを連れて行き、好きにしていた、というような話をずいぶん聞かされました。

一九〇一年のオーストラリア連邦成立後、各州政府は、「原住民の問題」にとりくみ始めます。州ごとに制定年や内容は異なりますが、この時期から「原住民」にだけ適用される特別な法が積極的に制定されていくのです。西オーストラリア州では、一九〇五年に原住民法が制定され、「原住民」と「市民」を分ける政策を本格化していきます。

この一九〇五年アボリジニ法と、その後の様々な小さな修正法案を経て一九三六年に成立した原住民管理法は、過酷な生活条件の下で生きていたアボリジニの「より良い保護と管理」を目的としたものでしたが、実際にはこの法によって「原住民」とされた人々は、法的に「市民」とは明らかに差別された生活を送ることになったのでした。

たとえば、この法によって、政府は「原住民」を住んでいる所から強制的に「原住民居住地《ネイティブ・リザーブ》(Native Reserve)」や特別施設へ移動させる権利や、キャンプしている「原住民」を強制立ち退きさせる権利をもちました。同時に、役人か文書で書かれた許可証をもっている者以外の「原住民キャンプ」への立ち入りを禁じ、「原住民」の町への立ち入りをコントロールするなど、白人との隔離をはかったのです。「原住民」は結婚することにさえ許可が必要で、自由に旅をする権利もありませんでした。酒を飲んではいけない。ホテルに立ち入ってはいけない……など、たくさんの禁止条項が課せられましたが、アボリジニの文化を破壊した最も大きな原因となったのは、親ではなくアボリジニ主任保護官（もちろん白人が就任します）が「原住民の子ども」の親権をもつと定めたことでした。

この法により、役人はアボリジニの子どもたちを、親の意志に関係なく自由に親の胸からとりあげ、公共施設へ強制収容する権利をもったのです。これが悪名高い「連れ去り (take away)」（子どもと親の強制隔離）の始まりでした。

「原住民」の親に子どもを育てさせると、子どもも下等な「原住民」になってしまう。

ミッションに収容されたアボリジニの子どもたちと修道女たち。1950年代。

とくに、文明化できる可能性をもった、白人の血を少しでもひく混血の子どもの場合は、そのような悲劇から救いだし、白人になれるよう教育をしなければならない——こういう考えのもとで、多くのアボリジニの子どもたちが、強制的に孤児にされたのでした（現在これらの子どもたちを「盗まれた世代（stolen generation）」と呼び、離れ離れになった家族の再会を手助けする運動が行われています）。

連れ去られ、キリスト教の施設（ミッション）や公共の施設（セツルメント）などで暮らした子どもたちは、白人になるよう教えこまれます。自らの言葉を話すことを禁じられ、英語を話すよう強要され、よきキリスト教徒になるよう強制されたのです。

この時代、「アボリジニ的であること」は、多くの場合、低劣なこととされていたのです。

まえに、マリアンの母ドリーが、「怖かったから、子どもにワジャリ語を教えなかったのだ」と激しい口調で言ったと書きましたが、ワジャリ語を教えている(すなわち「原住民」の習慣を子どもに伝えている)と役人に知られたら、子どもを連れ去られてしまう……そういう恐怖が常に彼女らにはのしかかっていたのでした。

白人のようになること。それが、よい生き方とされていた時代だったのです。

第二次大戦にオーストラリア兵としてアボリジニも参戦し、それもひとつのきっかけとなって、西オーストラリア州では、一九四四年にアボリジニに市民権を与える法が発布されました。が、この法で「市民」となるためには、「申請の二年前までに、一親等(the first degree)の親族を除く、いかなる原住民との、また部族との関係も断ち切っていること」(つまり、自分のお祖父《じい》さんやオバさんたちとの関係さえ断たねばならないということです)等の条件があり、さらに、軍隊経験がある者や名誉ある退役の権利を得ている/得た者以外が申請する場合は、二人の身元照会人によって「よい性格で、まじめな気質」であることが保証されねばなりませんでした。こういう特別の条件を満たした上に、行政長官から、「二年間にわたって文明生活の習慣とマナーに適応しているか」など、いくつもの項目をチェックされ、それをパスしたアボリジニで、市民になりたいと望む者にのみ市民権が与えられたのです。

この時期、西オーストラリア州で市民権を得たアボリジニは、アボリジニ人口のわずか一割強に過ぎず、多くのアボリジニたちにとっては、「市民権？　そりゃ、酒が飲める権利だな」という感じだったようですが、それでも、そういう生き方――「部族」という言葉で表現される伝統的な人間関係から離れて、白人として生きる道を選んだ人々がいたということは、後のアボリジニの多様な文化状況を考える上で、とても重要な事実だと思います。

ちなみに、ローラの両親は市民権を得ています。そして、ローラたち姉妹もまた、両親の市民権証に名前が記載されていることで「市民」となったのでした。

一九六七年の国民投票で、「アボリジニを国民として数えない」としていた憲法の条項を廃止することが決定された後で、西オーストラリア州では一九七一年に原住民市民権法が、七二年に原住民福祉省が廃止され、以後「原住民」という法的な縛りは消えて、すべてのアボリジニは、自動的に平等な市民になったのでした。

これで、アボリジニの苦難が終わったか……というと、実はそうではありません。これは形を変えた新たな苦難の始まりでした。たとえば、一九六八年、牧畜産業におけるアボリジニ労働者への法定最低賃金を白人と同額にする平等賃金制度が施行されると、この地域の多くのアボリジニが、それまでの生活の場だった牧場から解雇され、追い出されるという現象が起きていきます。皮肉なことですが、「法的に差別することを許されない市民」となったことが、多くのアボリジニを失業者に変えたのでした。

なぜか——。アボリジニ労働者を最低限の衣食の世話だけで雇っていた牧場主たちにとって、彼ら全員に白人と同じ賃金報酬を払うことは、とてもできなかったからです。自分の牧場《ステーション》で働き、ともに暮らしていたアボリジニたちに、深い愛情をもっていた牧場主たちでも、それは、やりたくてもできない無理な話だったのです。

しかし、それまで、ほとんど教育も受けず、財産もなく、牧場や農場での仕事の知識しかないアボリジニたちにとって、いきなり「さあ、今日から君たちは自由な市民だ。他の市民たちと同じ権利と義務をもって、自由競争の社会にいらっしゃい」と言われても、即座に適応できるわけがありません。

働く場を失った多くのアボリジニたちは、市民となったために受けられるようになった恩恵——失業手当で生活し、飲むことを許されるようになった酒で、無為な時間をつぶすようになっていったのでした。これが、現在の「失業手当で暮らし、朝から酒を飲んでいるアル中のアボリジニ」を生み出す大きな原因となったのです。

また、牧場から追い出されるということは、牧場の中にある自分たちの「聖地」へ行く権利を失うということでもありました。こうして儀礼が途絶え、伝統文化の継承者であった長老たちが権威を失っていくという文化と社会システムの崩壊が起こったのです。

その一方で、世界的なマイノリティの人権運動のうねりの中で、民族意識に目覚めていくアボリジニたちも現われました。早くから教育を受けた都市のアボリジニたちが中心となって、それまで「劣った文化」として否定されてきた「アボリジニ文化」を見直し、誇りをもって文化を再興するとともに、土地権などを獲得しようとする運動が始まります。

オーストラリアが白豪主義を捨て、多文化主義社会へと変転していく中で、やがて連邦最高裁は「マボ判決」という、オーストラリアが「無主の地」であったという国際法（もちろん西欧概念での国際法で、人類普遍の法ではありません）による見解を改め、アボリジニの「先住権原」（「権原（title）」とは、様々な権利の発生根拠のことです）を認める画期的な判決を行いました。このとき、アボリジニに、自分たちの故郷を返してもらえるかもしれないという希望が生れたのです。

「先住権」は「土地所有権」とは少し異なります。先住権というのは、たとえば、ある土地／水域の資源を利用したり、利用する許可を与えたりする権利であったり、そような土地／水域へ他者が立ち入るのを制限したり、儀礼を行うことができる権利というようなもので、一九九三年に成立した「先住権原法」では、先住権と競合する、鉱山開発や観光、農牧業などの様々な利権を調停するための基本的な枠組が定められました。こうして、アボリジニは、ようやく、自分たちがもともと持っていたはずの権利を主張する機会を得ることになったのです。

ただし、すでに私有地になっている土地や農園は返還要求対象外にされていますし、たとえ要求可能な土地でも、返還要求をするためには、その土地が自分たちの伝統的な故郷であるということを儀礼や伝承等によって文化的な面から証明せねばならないのです。すでに、土地との繋がりも文化伝統も断たれてしまって、長い時間が経ってしまった地域のアボリジニたちには、「文化を奪われて最も悲惨な目にあった自分たちが、まさに、文化を奪われたために故郷を返してくれと言えないのか？」という不満を生みましたし、アボリジニ同士での争いごとも生じるようになりました。

一方、白人にしてみれば、この先住権は、土地を使用する様々な産業に深く関わってくる問題ですから、当然、反発もでてきます。

先住権運動を行っているヤマジーをたずねたことがありますが、彼らが住んでいる居住地の看板は、散弾銃で撃たれてボコボコに穴が開いていました。白人の若者たちが、脅しと腹いせのために撃っていったのだそうです。白人たちの気持ちも、わからないではありません。第一次産業と地下資源が大きな経済的支柱であるオーストラリアにとっては、これは経済的な死活問題だと感じても不思議ではないからです。しかし、例えばバチカンの聖ピエトロ寺院の下にウラン鉱脈があったとして、寺院をぶち壊すことを計画する人がいるでしょうか？　そして、なぜ、少数の先住民の聖地ならば、「経済」を理由に「しかたのないこと」にされてしまうのでしょうか？　ひとつの大地に、多くの民族が別の考え方をもって生きている場合は、「経済」という大義名分の煙幕の向こうを冷静に見て、考える目をもちながら、問題を解決する道を辛抱強く探っていくしかないのです。

さて、駆け足どころかロケットなみのスピードですっ飛ばして歴史を辿《たど》ってきましたが、ここからは「本に書かれた歴史」ではなく、「思い出」の中の歴史を辿ってみましょう。……おっと、そのまえに。

これから書くアボリジニたちから聞いた「思い出」は、あくまでも、現在の彼女らが、過去のことを思い出して、しかも、私という調査者に、むかしのことを説明しようとして語ったことです。彼女らの記憶の中では、まぎれもない過去の事実ではあっても、それは、万人に共通した「歴史的事実」（そんなものはこの世に存在しないかもしれませんが）ではないことを、お断りしておきます。

黒澤明の『羅生門』ではありませんが、ひとつの家族が自分たちの生きた時代について語っても、それぞれ感じ方、大事だと思って記憶したことは異なります。そして、長い年月が経つうちに、「過去の思い出」はそれぞれの心が練り上げた物語となっていくのです。

なにをくだくだと「お断り」をしているのだろう、と思われるかもしれませんが、私がなにより恐れているのは、これから書くことが、「アボリジニから実際に聞いた話だから、すべて事実だろう」と思われてしまうことなのです。

繰り返しになりますが、これから書く「思い出話」には、「私」の編集の手が入っていることもあらかじめ記しておきます。彼女らが語ってくれた話は、人の話の常で、あちらに飛んだりこちらに戻ったり、脇道《わきみち》にそれたりします。私にはくわしく話さなくても通じることであるために、すっ飛ばされたりする話もあります。というわけで、採集してきた膨大な「語り」を、限られた紙幅の中で「わかるように描く」ために、なるべく彼女らの語りを生かしながらも、私が編集しているものであることを、どうぞご承知おきください。

2　大牧場で生まれて、町へ――ドリーとジョンの物語

マリアンの賢くも強い母ドリーは、一九二三年生まれで、今年（二〇〇〇年）七十七歳になります。ワジャリという伝統集団の出身で、今は、ジェラルトンという都市で、州政府が貸している家に未婚の息子と二人暮らし。でも、近所にマリアンをはじめ、娘や息子たちの家族が住んでいますから、彼女の家はいつもにぎやかです。

ドリーは学校へは行ったことがなく、文字も読めませんが、数少なくなった「ワジャリ語話者」として、また「伝統文化」を記憶している長老として、ジェフルトンではかなりの有名人で、ヤマジーの文化活動やコミュニティ活動を精力的に行っている、中核的な人物です。

しかし、一方で彼女は「マーチソンの南部では、部族のことはすべて滅び去ってしまった」と言い、熱心なキリスト教徒でもあります。彼女の家は、美しく整理整頓《せいとん》され、きれい好きな中流の白人家庭との差は全く見られません。

彼女はしみじみと部屋を見まわして言いました。

「でもね、今は、こんな暮らしをしているけれど……想像もつかないと思うけど、私はブッシュで生まれて、長いこと「家」になんか住んだこともなかったよ……」

私は、バイロー（Byro）牧場《ステーション》で生まれたの。家になんか、住んだことはなかったよ。

私たちはね、ブッシュで暮らしていたの。ああ、あんたに話したげるよ。ブッシュを切り拓《ひら》いてキャンプ地をつくってさ。ダンリ（ワジャリ語：小さなテント状の雨除け。ママヤマヤとも言う）を木の枝とペーパー・バーク（樹皮が紙のように剝《む》ける木）の皮で作ってさ、その前で大きな焚《た》き火を焚いてたの。それで乾いたところに住むことができたんだよ。

当時は、毛布じゃなくて、カンガルーの毛皮を使ってた。お祖母《ばあ》ちゃんなんて、カンガルーの毛皮から、大きな敷物を作ってたもんだよ。まず、油っけのあるワトル（アカシア）の枝でなめしてね、そりゃ素敵なもんだったよ。まるでセーム革みたいだった。私はよくお祖母ちゃんを手伝って、カンガルーの尻尾の腱《けん》を使って皮を縫いあわせたもんだよ。素敵な毛布ができたもんさ。どっちが表かって？　そりゃ毛皮側を内側にして使うんだよ。

父さんがテントを買う前は、私らはそんな風にして暮らしてたのさ。父さんがテントを買ってくれて、少し、ましになったよ。四角いテントでね、まわりをシダで囲って風除けにしたの。……ね、信じがたいだろうけど、私らは、そんな風にして暮らしてたんだよ。今は屋根の下で暮らしているけどね。それが、私らのスタートだったの。

エミュー脂《あぶら》を知ってるかい？　ああ、エミュー脂《あぶら》！　冬になると、よく塗ってもらったもんだよ。風邪なんかまったくひかなかったね。塗るだけじゃなくて、飲むこともあったよ。私は今でも飲んでるよ。熱が出たときは身体中に塗ると熱をとってくれるんだよ。

父さんや祖父《じい》さんたちは、仕事がくればなんでもやったよ。父さんは、幼いころに白人に連れ去られた人だった。父さんの両親は殺されたからさ。

誰にだって？（小声になって）白人によ。虐殺したんだよ。長老たちが父さんに話したことを信じるなら、そういうことよ。私の祖父母は、白人が馬にアボリジニをくくりつけて、馬を走らせて殺したのを見てるんだよ……そういう時代だったのさ。

父の両親を殺した白人たちは、ヨチヨチ歩きの彼を見て、「おれたちは、この小っちゃなやつを殺せねぇ」って思ったんでしょ。それで、白人たちは彼をドンガラ

(Dongara：ジェラルトンから六十五キロ程南東の港町）に連れていって、白人の家に預けたの。だからね、父さんの名前は「チャーリー・ドンガラ」っていうのよ。

父さんは、本当に最高の父親だったわ。私にいろんなことを教えてくれたのよ。フェンスの直し方や馬の調教の仕方とかさ。彼はいい調教師だったからね。

私は、私の……その、本当の父親は知らないの——わかるでしょ。たぶん、スコットランド人だったんだろうって思ってるんだけどね。本当の父親が誰か、はっきりと探りだせたことはないんだよ。でも、父さんは母さんと結婚して、私の父親になってくれたのよ。

私たちが、ダルディ・ダウンズという牧場《ステーション》で暮らしていたとき、私はムーアリバ一原住民収容施設に強制収容されそうになったの。私は混血だったからね。警察官やらいろんな人が牧場に来て、法廷みたいなのを牧場で開いてね。……怖かったよ。

でも、その時、父さんが「そんなこたぁ、だめだ！」って闘ってくれたの。「私は、この子の母親と結婚している。たしかにこの子はハーフ・カースト（二分の一混血の意味）だが、私の娘だ」ってね。……わかる？　彼は白人家庭で育ったから、どういうふうに交渉したら白人を納得させられるか知ってたのよ。それで私は連れ去られずに助かったの。

「福祉（保護政策時代の原住民福祉局を指す）」の連中は、子どもたちを連れ去って、まるで動物みたいに扱ったのよ。パンと肉と水だけ与えてね。

当時は、私らはちょっとでも良い仕事につくために、牧場を転々としてた。ほとんどお金はもらえなかった。ただ働きよ。ちょっとのパンと肉……後になるまでね。

私は十五歳で、牧場の労働者たちのための家事をやらされた。給金なしでね。くれるパンや肉の量は限られてたのよ。週にジャム一缶。紅茶――梱包《こんぽう》してないお茶で、白人たちが飲んだ後の茶葉を乾かしたのを渡されたこともあった。それを使いきっちゃうと、次の配給まで待たなけりゃならなかった。

一番つらい、ひどい時期だったよ。私らは、ハウス・メイドだったけど、台所で食事をすることも許されなかった。家から離れた所――薪《まき》置き場で、焚《た》き火を焚いて、自分たちの食事を作って食べさせられたのよ。一日の仕事が終わると、家を追い出されて、白人たちの家から半マイルくらい離れたところでキャンプをして眠ったのよ。

当時は中国人のコックが雇われててね。いまでも、彼が言った言葉を思い出すんだよ。「……おお、ごめんよ。かわいそうにね。あんたら、そうやって食べ物を外に運んでいかなくちゃならなくて」。当時は、彼が私らに食べ物をくれてたのよ。で、ある日彼がこう言ったの。「なあ、あんたらは、これよりずっとましな生活があるって、知ってるのかい?」ってね。

そういうことがみんな、私の頭の中に染み込んできて、ある時思ったのよ……その通りだ、ってね。

当時は、アフガン(アフガニスタン人)の行商人が馬車にいろいろな商品を積んで牧場《ステーション》にまわってきたの。布やきれいな飾り物なんかを積んでね。でも、私らはそれを買うお金をもったことがなかった。牧場主は一銭もくれなかったからね。

それで、あるとき一大決心をして、私は牧場主のところに行って、こう言ったの。

「聞いてください。私は、布を買うために少し、お金が欲しいんです。わかりますか。服を作るために布が欲しいんです。私は一着しか服をもっていないんですから」ってね。

牧場主はびっくりした顔で「なんだって? おまえはお金が欲しいのかい?」と言ったものよ――アボリジニには、お金の価値なんてわからないと思ってたんでしょうね。

でも、こうやって意思表示をしたら、私は賃金をもらえるようになったのよ。

牧場《ステーション》の白人女性たちは、みんな病院で子どもを産んでたけど、私らはブッシュで子どもを産んでたんだよ。年とった女たちは、みんな、どうやって子どもを産ませるか訓練されてたからね。メイン・キャンプから離れた所へ小さなキャンプを作って、そこで子どもを産むの。で、すべてがすんだら、後産とか臍《へそ》の緒《お》とか全部埋めてきれいにするのよ。

赤ちゃんが生まれると大きな焚《た》き火を燃やすの。そして、水に浸ける代わりに穴を掘って、熱い砂に赤ちゃんを、まるで洗礼を施すようにつけるのよ。ほんの少し熱い砂でね、赤ちゃんを拭《ぬぐ》うのよ。それは洗礼みたいなものなのよ。

臍の緒は、出血し過ぎないように、切るべき所を測って、石で切ったものよ。それから清潔な冷たい灰を臍の周りにつけて乾かすの。そうしておくと、後で落ちるのよ。それ——すごいでしょ。子どもが健康に生きのびるのは贈り物みたいなものだった。お祖《ば》母《あ》ちゃんが言ってたわ。主がそうするように教えたのだってね。

男たちは、絶対近くへは来ないの。彼らは、息子を、だいたい二、三週間は見ないのよ。それが決まりだったの。父親は赤ん坊が少し大きくなるまで見ないってのがね。なんでだかは知らないよ。くだらない長々とした手続きがいっぱいあったのよ。本当に厳しかったよ。もう行われなくなった、消え去ってしまったことだけれどね。……そうそう、父親はモマ、母親はヤーゴ、赤ん坊はドルゴって（ワジャリ語で）言うんだよ。

私は三人の赤ん坊を取り上げたよ。義理の妹が赤ん坊を産んだとき、心臓の音さえしないから、義理の母が、もうこの子は死んでるよって言ったけれど、私は焚《た》き火の所で赤ん坊を吊《つ》り下げて、煙をかがせて、ゆすったのよ。そうしたら赤ん坊が泣き出したものさ。私は、どうやって赤ん坊をブッシュで取り上げるか、母さんやお祖母ちゃんから教わったんだよ……あの頃やってたのは、すごいことだよね。

当時、親族が近くの牧場《ステーション》に散らばって住んでいたから、休みの時には一緒に、釣りに行ったり、ルー狩り（カンガルー狩り）に行ったりしたよ。ああ、いい時期だったね。

そう、あの頃はコロボリーもやったよ。踊ったもんだよ。ただ、楽しむためにね。歌をみんな忘れちゃったよ。本当のコロボリーだった。素敵だったよ。別の牧場から人がやって来た時は、いつでもやったよ。ほら、今、パーティをやるようなもんさ。大きな火を囲んで、みんな幸せだった。バイロー牧場《ステーション》の外れの方でやったもんさ。

ケンカ騒ぎが起きたときは、彼らは、「よし。闘いたいんなら、平らな所でやろう」って言ったもんだよ。私は子どもだったから、馬車の車輪の下に隠れて見てたんだ。脚に槍《やり》をつき刺したり、ブーメランを投げるのをね。すごい争いもあってね、一番の者が「ベルトを獲った」もんさ。私は白人の言いまわしを使ってるね、わかるかい？

そう重くない罪をおかした者は、槍で刺されたもんだよ。でも、殺すためじゃないよ。脚を刺すだけでね。罰するだけさ。だけど、引き抜けないんだよ。「かえし」がついてる槍だったからね。押して抜かなきゃいけなかったのさ！　真っ青になって、ぶるぶるふるえながら槍を抜いている若者を見たことがあるよ。

私が最後にコロボリーを見たのは、働き始める前だから、十五歳ぐらいの頃だったね。たしか、ウィリアム（William）牧場でのコロボリーだったよ。あれが、最後の大きなコロボリーだったんじゃないかね。

なぜコロボリーが廃《すた》れたか？……さあ、わからないね。でも、そう、皆、牧場から牧場へと転々とするようになったからじゃないかね。たぶん、政府が、アボリジニを、その、人間として扱うようになりはじめて……教育しはじめて、私が生まれた頃から少しずつすべてが良くなり始めたからね。みんなが「ウエスタン・スタイル」になってしまって、もう誰もコロボリーをどうやったらいいか知らないから。

北の方では、まだやってるけどね。ルーブン（Roeburn）とか、ブルーム（Broome）とかね。テレビや新聞で見たことがあるでしょ？

でも、マーチソンのこっち側では終わってしまったよ。ヤマジーは、老人たちが死んでしまったからね。若い者たちに教えてやれる人が残っていないんだよ。

昔、白人は私らの祖先を撃ち殺した——決して表沙汰《おもてざた》にはされなかった話だけどね。私たちにできることはなにもなかった。私たちのための法律はなかったからね。だけど、牧場《ステーション》の人たちの中には、いい人たちもいて、祖先たちの面倒を見始めた。で、長老たちをすべて、だめにしてしまったのよ。マーチソンでは伝統法に関わることは、なにもやられていないよ。もう長老たちがいないから。私の祖父は、私たちには決して何も話さなかった。秘密だったからね。すべて、密《ひそ》かに保たれてたのよ。

私は十六歳の時、強制的に結婚させられたの。わかる？　強制されたのよ。強制的にアボリジニのやり方——部族のやり方で結婚させられたのよ。長老たちが決めたの。これは、まちがいだったと思うよ。私が老人たちに反対したかったのはね。あの頃の部族のやり方では、相手を選べないのよ——だから私の結婚は破綻《はたん》したのよ。でも、今はもう（そういうワジャリ[10]の結婚の方法は）すたれたけれどね。

私は彼の兄の方にビルニュ（婚約）したんだけどね、彼は私が好きじゃなくて他の女と結婚したんで、その弟と結婚することになったんだよ。

——ビルニュの時、膝《ひざ》に乗せる儀礼をしたのですか？

しなかったよ。約束だけさ。だけど、むかしは、赤ちゃんの時に、その男（将来の夫）の膝に赤ちゃんを乗せたものだよ。そして、彼女は十代になったら、その年寄りと結婚しなくちゃならなかった。

ね？　わかるだろ。これは悪いことだよ。私らは老人（である夫）の面倒を見なくちゃならなかったんだ。それが私らの部族の「法」だった。で、妻が亡くなったりすれば、その老人はまた若い妻をもらったんだ。ね？　これはさ、若者にはいいことじゃないよ。年とった男と結婚するのはね。これは、よくない「法」のひとつさ。

私が生まれた頃から、いろんなことがいい方に変わり始めた。お祖母《ばあ》ちゃんは私らにいろんな話をしてくれたけど、私らの世代の者はそれを忘れてしまったんだよ。彼女らは、私たちがどこからきたのか、そういう背景をしっかり教えてくれたけど、彼女らが教えてくれたこと――そういうことは、なにも、私らは、もう実行しなくなったんだよ。

今、私は、故郷や、自分の家族のことをふり返ってみたいんだよ。自分が生まれ育った所をね。どんな風に育ったか――ブッシュ・タッカー（野生の食糧）とか、その土地によって生かされてきたことをね……。


やがて、第二次世界大戦が始まると、この辺りの農場や牧場《ステーション》は深刻な人手不足に悩まされるようになります。ユーイン牧場の牧場主は、白人労働者が出征してしまったので、ドリーの夫ジョンの腕を見こんで戦争が終わるまで牧場の世話をするようにたのんだのです。

この時、少しましな労働条件を与えるために、牧場主がドリーとジョンに「免除証明」（これを得ると「原住民」に課せられていた法規制――雇用条件規定、六時になると町から出る等の規制――を免除された。それで、「犬の鑑札みたいなものだ」という強烈な皮肉をこめて、アボリジニはこれを「ドッグ・ライセンス」と呼んでいた）を取らせました。市民権を取らせてしまうと、「オーストラリア市民」として徴兵されてしまうので、こういう方法をとったのでした。

ドリーは、十歳以上も年上のジョンとの結婚を、「失敗だった」と言い、子どもたちが成長してから離婚しています。それでも、私が調査を始めた頃は、ジョンはドリーや家族のそばで暮らし、しょっちゅうドリーの家で食事をしたり、泊まったりしていました。

ここで、ジョンが話してくれた思い出話を、少しご紹介しましょう。女性のドリーとはちょっと異なる、アボリジニ男性の「牧場《ステーション》暮らし」がよく見える話です。

わしは、ウーリン牧場のブッシュで生まれた。親父は幼い頃に連れ去られて、白人の間で育ったんだが、親父の親父は、純血のアボリジニでね。「ブラック・トレッカー」だった。え？　ああ、「ブラック・トレッカー」ってのは、アボリジニの追跡者のことさ。アボリジニは、足跡を追っていくのがうまかったからな。

その頃は飢えたアボリジニが羊を盗んだだけで撃ち殺された時代だ。羊を盗んだり、罪を犯して逃げたアボリジニの跡を、アボリジニに追いかけさせたのさ。祖父《じい》さんは優秀な追跡者だったそうだよ。ブッシュに逃げたアボリジニを追っていって捕まえさせられたんだ。無報酬でな。……罪人を追うことを拒んだりしたら、白人に鞭《むち》で打たれたんだよ。

わしだって、やっと歩けるくらいになると白人に働けって馬に乗せられて、落馬すると鞭で叩《たた》かれたもんだよ。ちょっとしくじると、すぐ鞭打たれた。タフな時代だった。

わしが育った頃、ウーリンには百人ものヤマジーが暮らしてた。みんな親族さ。木の枝で組んだ小さな小屋で暮らしてた。わしらは、フェンスを直したり、羊飼いをしたり、羊毛刈りをしたり、牧場《ステーション》の仕事は全部やらされたが、一銭だってもらえなかった。くれたのは、小麦やなんかだけさ。肉は「おまえら、自分たちで獲れるだろ。狩人なんだから」と言われて、もらえなかった。だから、狩りもしてたのさ。

夜になると、カンガルーが川辺に水を飲みにやってくる。年寄り連中が作ってくれた槍《やり》と投槍器をもって、潜んでいて、そいつを仕留めるのさ。白人たちは、仕返しされるのを恐れて、アボリジニには銃をもたせてくれなかったからな。槍で狩りをしてたのさ。

カンガルーの一番うまい部分は、リブから下（尻尾を含めて）だ。リブの部分はスープにもしたな。内臓を取り出してから、その空っぽになった腹に焼いた石をつめた。そうしておいて、地面に掘っておいた穴に埋めて蒸し焼きにするのさ。「ブラッド・プディング」もうまかったぞ。カンガルーの腸に、血と刻んだ内臓を詰めて、ソーセージみたいに両端を結んで、灰の中で蒸し焼きにするんだ。冷えてからスライスして食うと、うまかったよ。べつに白人のまねをしたわけじゃない。こいつは、むかしからあるヤマジーの料理法だよ。

子どもの頃は、老人たちにブッシュで生きるいろいろな術を教わったもんだよ。月と星を見て方角を知る方法とかな。白人たちは、「夜なのに、なんでおまえらは方角がわかるんだ？」って驚いてたもんさ。月と雲を見れば、雨が来るかどうかもわかった。エミューが産卵する季節になると、特別のエミューの星座が空にかかる。……そんなことを、たくさん教えてもらったもんだが、いまの若い者に話しても、たいして興味をもたんな。

一九四〇年代の終わり頃、原住民福祉局に子どもを連れ去られるのを恐れたドリーとジョンは、子どもたちに教育を受けさせるために牧場《ステーション》の生活に見切りをつけて、戦争中、牧場の仕事でこつこつと貯めた金で得た馬車で、ピンダという小さな町に移ります。その町には、アボリジニの子どもも通える小さな学校があったからです。

ピンダで彼らが建てた「家」は、ブッシュで切りだしてきた木と枝を組んだ小屋で、雨は漏《も》るし、風は吹き込むというひどい代物でした。そういう家に住み、ジョンは線路工手として働き始めます。ドリーは四十四ガロンもの水を入れたドラム缶を運ぶ過酷な仕事のために、やがて身体をこわし、子どもの世話も充分にできない状態になりました。

原住民福祉局の役人が、彼らに「絶対に原住民の言葉を子どもに教えてはならない。

教えたら子どもは取り上げる」と言ったので、子どもたちを小学校に通わせていたのですが、ある日、ドリーが仕事からもどってみると、幼い頃ポリオを患って身体が不自由だった長男の姿がありません。「連れ去られた」と悟ったドリーは、役所に駆けこみ、椅子《いす》をつかんで振り上げて、「私の子どもをどこにやった！」と役人に迫ったのだそうです。

役人の答えは、「おまえには、何人も子どもがいるじゃないか。あの子はいらないだろう？　身体が満足じゃないおまえのために、世話を肩代わりしてやるんだ」というものでした。

マリアンの姉たちは、この日の騒動をはっきり覚えているそうです。

「母さんは、怒りくるって、その役人にバケツで汚水をぶっかけたのよ。すごい迫力だったわ」

結局、ドリーの病は悪化し、年長の子どもたち四人はミッションへと送られてしまいます。しかし、この「連れ去り」は「原住民の親からの隔離」というより、「親が子どもの世話をできなくなったための隔離」で、遠くへやられたわけではなく、やがて家族はまたひとつになれました。ちなみに、キリスト教のミッションに入れられた娘たちが帰ってきて、ドリーにキリスト教の良さを伝え、後にドリーは熱心なキリスト教徒になります。

一九五一年、ピンダのそばの、少し大きな町マラウォーの病院で、ドリーは八番目の子ども——マリアンを産みました。

やがて、こんなひどい家ではなくて、もう少しましな生活をしたい、子どもたちにも、もっとよい教育の機会を与えたい、と考えたドリーたちは、この地域の中核都市ジェラルトンへの移住を考えはじめます。ちょうどその頃、北部の牧場《ステーション》で働いていたドリーの伯父がピンダにやってきて、ドリーたちの話を聞くと、「ほら、こいつで車を買いな」と、一年間働いて貯めたお金、百ポンドを全額くれたのだそうです。

そのお金で中古のシェービーを手に入れた一家は、ジェラルトンへと移住します。

3　枕木の家からの出発——ジェインとマリアンの物語

一家がジェラルトンに移り住んでからの思い出を、マリアンのすぐ上の姉ジェインはこんな風に語っています。

✥

ジェラルトンに出てきた頃は、私は六つぐらいだったんじゃないかしら。最初はね、「ブラッド・アリィ（血まみれ小路）」って呼ばれてた原住民居留地を見下ろす小高い丘の上の、白人の老婦人の裏庭を借りて、小屋を建てて住み始めたのよ。そばにブッシュがない所でどうやって小屋を建てたと思う？　父さんが線路工手をやってたから線路の枕木が手に入ったもんで、父さんと母さん二人で枕木と布で家を建てちゃったのよ。

でも、なかなかちゃんとした小屋でね、両親用の寝室ひとつと、すごく小さいけど、男の子たち用と女の子たち用の「スリープ・アウト」（普通は、ベランダ等に仕切りをして寝室にしたものを指しますが、この場合は、ただ仕切られた「ベッドを置ける空間」の意味です）があったのよ。

私は、この家からジェラルトンの小学校に通いはじめたの。学校では白人の女の子と遊んで、べつに差別もされなかったわ。いじめは、まあすこしはあったけど、あまり気にしなかった。一番よく覚えているのはね、校長先生にかわいがられて、彼女のペットって呼ばれてたこと。よくお宅に呼ばれてお菓子をもらったりしたのよ。

父さんは腕のいいシアラー（羊毛刈り技術者）だったから、あちこちの牧場に出かけていって、お金を稼げるようになってたの。そのお金で、ジェラルトンのビーチランドに、小さいけれど本物の家を買ったのよ。

でも、そのうち、父さんはお金を稼いでは酒を飲んで、まったく家にお金を入れなくなっちゃったの。親族に助けてもらって、どうにかその家での暮らしを続けたけどね。

マリアンも、当時のことを思い出して、「朝になると、牛乳缶を積んだ馬車が、鈴を鳴らして丘を上ってくるの。わあ、牛乳が来た！　って小銭を握って裸足で飛びだしていって、泡だった牛乳をコップに注いでもらったものよ」などと懐かしそうに話していました。

この頃のことを、ジョンにたずねたところ、「家に金を入れなかった」というような話はまったく出ず、こんな話をしてくれました。

わしは、「トップ・ガン・シアラー（凄腕《すごうで》の羊毛刈り技術者）」だったのさ。牧場《ステーション》で働いていた頃に技術をおぼえたんだよ。その腕を見込んだコントラクター（牧場主との契約をとる、羊毛刈り技術者チームの総元締めのような人）が、わしをシアラーのチームの一員に誘ったんだ。わしは、チームの一員として、あちこちの牧場を回ったよ。一度家を離れると、六カ月は帰れなかったな。でも、この頃初めて、まともな稼ぎを得たのさ。

チームは十人で、そのうちアボリジニはわしを含めて二人だけだった。一九五〇年代だったと思うが、カナーボンで、午後六時をほんの少し過ぎた頃に町を歩いていたら、警官が寄ってきて、ぐいっと腕をつかんで、怒鳴るんだ。

「おい、おまえ、なにをしている！　もう六時を過ぎているぞ！　町から出ていけ！」
わしは、自分はシアラーのチームの一員だしドッグ・ライセンスも持っているって言ったんだが、信じてもらえないんだ。コントラクターが来てくれて、「彼はうちの一番優秀なシアラーですよ。わしらと一緒にいてもらわなきゃ困る」と言ってくれたが、警官は、許してくれなかった。アボリジニはホテルに泊まることも許されていなかったから、チームの白人連中はホテルで寝てるのに、わしはもう一人のアボリジニと一緒に町の外へ出て、フットボール・グラウンドで毛布にくるまって眠らなきゃならなかったのさ。あの頃の生活は、こんなもんだったよ。

一九五一年に生まれたマリアンは、両親とは、ずいぶん異なった日々を過したようです。

小学校には、あんまりいい思い出はないわ。白人の子から差別されて、いじめられたから。「ブーン」とか「ニガー」（ともに黒人の蔑称《べっしょう》）とか呼ばれて、蔑《さげす》まれてさ。

ケンカもたくさんしたわよ。いまは本当に良くなったわよね。いまの学校生活は、私らの頃よりずっと楽だと思うわ。私らの頃は、先生も人種差別主義者でね。いやな思いをしたものよ。

あの頃のアボリジニの子には、そういう子が多かったんだけど、私は耳が悪かったの。いまでもよく聞こえないもんで、声が大きいでしょ？　そう思ってたでしょ？　アハハ……。アボリジニの子は生活環境が不衛生だったしね。ろくに医者にも行けないから、中耳炎かなにかを悪化させたんだと思うわ。

でも、先生はそういうアボリジニの子どもたちに、思いやりをみせてくれなかった。先生の声がよく聞こえないからついていけないのに、私たちを馬鹿《ばか》にしたのよ。

ハイスクールは、少しはましだったけど、九年生（十五歳）で中退しちゃった。学校にいるより、働いてたほうがましだと思ったから。

一九六七年の国民投票？　一九七〇年代初めにいろいろな法制度が変わったの？……ふーん。アナウンスかなんか、あったのかしら？　それとも、新聞記事で知らせたのかしらねぇ。どっちにしろ、全然記憶にないわ。アボリジニ全員が普通の市民になったのって、私が十七歳ぐらいの時だったわけね。

中退してすぐに食糧雑貨店に勤めて、週二十ドルもらってたわ。いま思うと、たいした給料じゃないけれど、あの頃はすごくいい給料だと思ってた。あの頃、アボリジニが職を見つけるのはむずかしかったから、私はラッキーだと思ってたわよ。また、ボス（白人）がいい人でね。そこをやめた後でも、ずっと親しくつきあってたもんよ。

ずいぶん職を転々としたわ。十以上は転職したんじゃないかな。姉さんの旦那《だんな》の親族がニュー・サウス・ウェールズ州の出身だったから、そのつてでシドニーのチーズ工場で働いてたこともあるわよ。白人ばかりの中で働いてたけど、いい職場だったわ。インド人の女の子と友達になって、休暇の時には彼女の実家のあるケアンズへ遊びに行ったりしてさ。

そのうちホーム・シックになってジェラルトンにもどってきちゃったりどね。テイク・アウェイ（日本ではテイク・アウト）フードの店で調理をしたり、老人ホームで老人の介護をしたり、肉屋で肉の解体をやったりね。

私は、働かないでブラブラしてたことは一度もないけど、でも、あの頃は悪い娘でね。よくお酒も飲んで、仕事が終わると遊びまくったわ。スナック・バーで飲みまくって……。

ここで元夫と出会って同棲《どうせい》を始めたの。前に話したでしょ？　サリーナを身ごもったんで入籍したんだけど、酒を飲んで暴れるんで、結局離婚したわ。

ずっと、荒れた生活をしてて、離婚して……。なにもいいことがなかった。その時、母さんが、キリスト教への入信を私に勧めたのよ。イヴェンジェニカル・アボリジナル・チャーチっていうアボリジニのための教会にね。それまでも、母さんは私の生活態度をあらためさせようと、一生懸命叱《しか》ってくれてた。クリスチャンになるようにって、ずっと勧められてたけど、それまでは、まったく耳に入らなかったのよね。

でも、あの頃、自分がどん底にいると気づいたの。……それで、入信したら、ねえ、信じてもらえないかもしれないけれど、まったく世界が変わってしまったのよ。

「リ・ボーン（新たに生まれ変わる）」したって、こういうことか！　って思った。ね？　私はアボリジニの文化なんて知らないって言った意味がわかるでしょ？

子どもの頃は自分がワジャリなんだってことさえ知らなかったわ。部族の「法」については、父さんが、女の子は、ああしちゃいけない、こうしちゃいけない。それは「メンズ・ビジネス（男たちが行う「法」の諸規則や儀礼）」で禁じられているって言うんで、びくびくしてそれを守ってただけ。部族の土地には、女が足を踏み入れちゃいけない場所もあるのよ。

ワジャリの伝統文化にはね、怖いものもあるのよ。ジナガビ（呪術師《じゅじゅつし》：伝統集団の「法」を守らせる役目をもち、「法」を破ったものを呪術で処刑すると信じられている）

とかね。夜中に、ふっと目が覚めて呪術師のことを考えて怖くなることが今もあるわ。そんな時は「私はもうクリスチャンだから、私には関係ないことだわ」って考えて眠るようにしてるのよ。

ワジャリの言語や文化を、親から習ったことなんてないわ。でも、ここ十年ぐらいかしら？　アボリジニ文化を見直す動きが盛んになってきて、母さんや父さんが、いろいろ教えてくれるようになったのよ。子どもの学校が休みの日には、私も母さんたちと一緒に、子どもたちを連れて、ワジャリの故郷のブッシュに出かけて、どの草を吸えば渇きがいえるか、とか、食べられる草の実なんかを教えてもらってるの。そういうことは、すごく面白いわよ。アボリジニは、ブッシュで生き延びる術をたくさん知ってたのよね。

こういうことは、アボリジニ文化のいい部分だと思うわ。白人社会の、金を稼ぐことか、そういうことが、アボリジニからいろいろな意味で文化を奪ってしまったのよね。

でも、伝統文化の「闇《やみ》の部分」――たとえば、呪術師だとか――そういうのは、もう忘れてしまった方がいいと思うわ。

ドリーが生れた一九二三年から、マリアンが成長して過してきた一九七〇年代以降までを駆け足で綴《つづ》ってきました。ドリーもマリアンも、過去を振り返りながら、アボリジニの生活の激変にあらためて驚いていました。この他にも、ご紹介したい、様々なアボリジニたちの「思い出」があるのですが、紙幅にそれほどの余裕はありませんので、次は、バディマヤのローラの「思い出」へと話を移していきましょう。

4　隔離と同化の狭間で――伝統集団から切り離されたギア一家

ローラが過してきた日々は、ワジャリに属するマリアンたちロウ一家の思い出とは、また一味違います。この違いには、様々な要素が関わっているのですが、そのひとつに、彼女がバディマヤという伝統集団の出身だということがあります。

バディマヤ・カントリーは、ワジャリ・カントリーの南隣に広がり、白人の人口が多かったために、ワジャリよりも早く「伝統文化」の崩壊が進んでいったようなのです。

一九九六年に、バディマヤが正式に土地権要求をするので、これまでの調査で得た手持ちの資料を提供してほしい、と頼まれたことがあります。数人のオーストラリア人人類学者が言語学者等と共に「土地と海に関するカウンシル（land and sea council）」に雇われて、調査を開始していたのでした。土地権要求をする土地が、確かに彼らの聖地であること、現在のバディマヤたちと、その聖地の間に絆《きずな》があることを証明するために、系図等を詳細に調べ上げているので、協力してほしいと言われたのです。

私の資料と彼らの資料をつき合わせていくうちに、不思議なことが浮かび上がってきました。バディマヤが返還を求めている「聖地」には、むかしミンゲニューでローズマリおばさんが私に話してくれた、あのワーダッガ岩が含まれていたのですが、この聖地の「伝統的な所有者」の中にローラたちギア一族のデータがまったく含まれていなかったのです。

そして、返還要求の中核となっていたのは、亡くなったシッドおじさんの母クレアを中心とした、マウント・マグネットに住むジョーダン一族でした。

このシッドおじさんの母クレア・ジョーダンは、アーサー（ローラの父）の父親ウォルターと結婚したことのある女性で、現在八十を越えている老女です。このクレアが、ウォルターと別れた後に結婚したトム・ジョーダンとの間に生れたのがシッドでした。

つまり、アーサーとシッドの間には血のつながりはないのですが、アボリジニの考え方では、二人は「ハーフ・ブラザー」だと意識されるのです。

そして、シッドおじさんは、マウント・マグネットの家族の間で暮らすのがいやで、数十年もローラの父のアーサーの家で暮らしていたのでした。

これがクレア・ジョーダンの怒りをかったのだ、とローラは言います。

「クレア・ジョーダンは、ずっと父さんと母さんを憎んでいたんだもの。シッドおじさんが、母親である自分より、私の父さん母さんを愛していたから。嫉妬《しっと》してたのよ」

ローラの家族やイトコたちは口をそろえて、クレアのことを「怖い女性だ」とか「嫉妬深くて、トリッキー（人を惑わす）で、平気で嘘《うそ》をつく」と言います。

しかし、一方的な噂《うわさ》だけで人を判断するわけにはいきません。それに、バディマヤの伝統的な部分をある程度守っていると言われるマウント・マグネットのジョーダン一族に会ってみたくて、私はある夏、ローラの友人であることは隠して、別のコネクションを辿《たど》り、ジョーダン一族に会いに行ったことがあります。

シッドおじさんの兄のラリー・ジョーダンは、気さくな人でした。いまも、マウント・マグネット周辺の牧場《ステーション》で働いているという彼の家は、家具はボロボロ。壁も床も、酔って壊したな、とはっきりわかる荒れ方でした。トイレは大量のゴミが詰まって使い物にならず、犬が走りまわる泥だらけの床を、赤ん坊がはっていました。こういう暮らし方をしているアボリジニのことを、ローラやマリアンのような「町のアボリジニ」は「怠け者でだらしない」と嫌いますが、彼らは逆にローラたちを「白人になっちまった奴ら」と言って嫌うという構図があります）。

シッドおじさんの兄ラリーとの会話はうまく進んでいたのですが、クレア・ジョーダンが出てきたとたん状況は一変してしまいました。よぼよぼの老女であるにもかかわらず、クレアは、あきらかに一族を掌握している権力者でした。他の者たちは彼女の顔色をうかがって話をし、当のクレアはと言えば、なにを問いかけても、にやにやしながら、

「知らない。忘れちゃったよ」

を繰り返すだけ。まったく会話が成り立たない状態でした。

後に、クレアが土地権要求を起こしたとき、クレアに詳しい話を聞きに行った人類学者は、「あのババァは、魔女だわ」と怒りくるっていました。

「彼女に頼まれたから話を聞きに行ったのに、何時間も訳のわからない話を聞かされて、それでも全部真面目にノートにとったのよね。そうしたら握手をして別れる寸前に、いままでの話をあんた信じたのかい？　全部嘘《うそ》だよって大笑いしたのよ！」

白人や異邦人を嫌うアボリジニなのだ、とか、伝統的な考え方を持っているから、日本人や白人には理解できないのだ、という見方もあるでしょう。

しかし、たとえば、この地域の長老で呪術《じゅじゅつ》を使える「ビッグ・ボス」だと言われて

いる老人は、白人に対する憎しみを語りながらも、そんな対応はせず、会いに行くたびに普通に話をしてくれます。その他、バディマヤよりもっと伝統文化が残っている所で調査をしても、こんな対応をされたことはありませんでした。……やはり、これはクレアという女性の性格なのだと思わざるを得ません。彼女の隠然たる影響力は、しかし、マウント・マグネットに暮らすバディマヤたちをしっかり覆っているのでした。

クレアたちの土地権要求のために雇われた人類学者たちに、ローズマリおばさんが、正式な「聖地の番人（伝統的な所有者）」は実はローラの父のアーサーで、ジョーダン一族は傍系だと私に語った資料を見せたところ、彼らはなんともいえぬ表情で、私を見ました。

「……なるほどね。どうりで、そのあたりの話になると、あいまいになったわけだ」

「バディマヤの老人たちに聞き取りをしてるときに、なかの一人が、あの聖地につながる系譜の者なら、アーサー・ギアだったと言ったとき、ほかの連中が沈黙して、いやな空気が漂ったんだよ。その人は誰です？　どこに行ったら会えますかって聞いたんだけど、もう死んでしまったって言うだけで、教えてもらえなかった」

「アーサーの一家は、ある意味でバディマヤから切り捨てられてるような感じだな」

それを聞いたとたん、シッドおじさんが亡くなった時の、「彼らに逆らったら殺される。彼らにはそういう力があるのだから」と言っていた、ローラの怯《おび》えた顔が蘇《よみがえ》ってきました。

バディマヤから切り捨てられたと言っても、それはジョーダン一族に連なる人々から伝統文化の側面で切り離されているという意味で、町で暮らしているバディマヤたちから切り離されているわけではありませんし、ジョーダン一族とだって一応のつきあいはあります。同じバディマヤでも、考え方や生き方に隔たりのある二つの流れがあるのです。

ローラの父アーサー・ギアは、伝統集団から離れて、「白人社会で生きるアボリジニ」となることで、生きる道を得たアボリジニでした。

彼は、バディマヤの伝統集団の聖地を守る重要な血筋に生まれながら、自分を産む時に母親が死んだという悲劇のために、「母親を殺した者」として赤ん坊のときに殺されかけた人です。白人と接触していない時代だったなら、彼はそのまま殺されていたでしょう。

しかし、「伝統集団の社会で生きる」以外の選択肢——「白人社会で生きる」道があった時代だったことが、彼に生き延びるチャンスを与えたのでした。

幼いアーサーを助けたのは、ローズマリおばさんの祖母と、ミッジ・ギアという子どものいない女性でした。ミッジの母は純血のバディマヤ、父は中国人だったそうです。

ローズマリおばさんの祖母は、伝統集団の男たちを説得してアーサーを殺すことを思い留まらせ、子どものいないミッジにアーサーを与えたのです。

ミッジは夫とともにアーサーを抱いて、聖地ワーダッガ岩のあるニンガン牧《ステーション》場を離れ、ミンゲニューへと移住しました。ミンゲニューは当時、北部の牧場地帯と南部の小麦地帯に挟まれた交通の要衝として栄えていて、仕事がいくらでもあったからです。

その頃、ミンゲニューの町は白人が暮らす所で、アボリジニたちは、町の外――丘の麓《ふもと》のブッシュで、ゴミ溜《た》めから拾ってきたブリキ片等で小屋を造って暮らしていたのでした。いわゆる「フリンジ・キャンプ（町の周辺のキャンプ）」と呼ばれるものです。

アーサーはギア夫妻の息子としてミンゲニューのフリンジ・キャンプで育ち、ミンゲニュー周辺の多くの牧《ステーション》場や農場に雇われて仕事をするようになります。

ところが、アーサーが九歳になった時、ニンガン牧場から、産褥《さんじょく》で亡くなった生母

アーサーとキャロリン（両端）。1980年代に撮影。

の兄ジョン・ベンジャミンが彼のもとへ訪ねてきます。アーサーの父ニンガン・ウォルター（聖地の番人だった）が罪を犯して追放されたので、アーサー少年にイニシエーションを受け、「部族の法の下に生き（go through the Law）」て、「聖地の番人」になるよう勧めに来たのでした。ジョン・ベンジャミンは、アーサー少年を馬に乗せて、聖地ワーダッガ岩の周りを見せてまわったと言います。

しかし、アーサー少年にとって、「部族の法」は、赤ん坊だった自分を殺す決定をした恐ろしいものでした。「部族の法」に関わるすべてを、アーサー少年は恐れていたのです。アーサー少年は、結局、ジョンおじいさんの頼みを断ってしまいます。

そして、二十三歳の時、アーサーは一つ年上の美しいキャロリンと出会って結婚します。

ローラの母キャロリンは、アーサーとは随分違う人生をたどってきた女性でした。彼女もミンゲニューで生まれましたが、ワジャリの母と白人の父の間に生まれた子でした。両親は当時は大変珍しいことに、保護官の許可を得て正式に結婚したのですが、後に離婚。「父親のいないハーフ・カースト」として、キャロリンは八歳で、ニュー・ノーシアのミッションに収容されてしまいます。

ベネディクト派のニュー・ノーシア・ミッションは、一九〇六年頃から混血のアボリジニ児童の収容施設になっていました。教育を受けさせるために、進んで子どもをここへ送ったヤマジーもいるのですが、大部分は「連れ去り政策」によって送り込まれたのです。

ここで暮らした経験のあるヤマジーたちによれば、やはり子どもたちには、かなりつらい生活だったようです。幼い子どもたちが親にも会わせてもらえず、真冬でも裸足。食事といえば、羊の頭を煮込んだスープとパンだけ。スペイン人の修道女たちはパンにバターをつけて食べているのに、子どもたちには羊の脂身をバター代わりに与えていたそうです。

修道女たちはとても厳しく、タイヤの内側のゴムを鞭《むち》にして、子どもたちの手首か

ローラの母キャロリンがローラの姉マリアを腕に抱き、アリスを連れている。1950年代のミンゲニュー・ショー（お祭り）の日。

ら腕の内側を斑《まだら》の痣《あざ》になるほどひどく叩いたそうです。学校ではスペイン語の読み書きを教えられ、宗教の時間ばかりで社会に出てから役に立つようなことは教えてくれなかったとヤマジーたちは笑っていました。唯一役に立った授業は、家庭科ぐらいなものだった……と。

キャロリンは、十六歳までここで暮らしてミンゲニューに戻ってきます。そして、白人との間に娘をひとりもうけますが、別れ、ミンゲニューのそばの農場でハウス・メイドとして働いている時に、アーサーと出会って結婚したのでした。

ローラは、一九五六年に、このアーサーとキャロリンの二人目の娘として生まれたのです。

ローラと姉のマリアや妹のシェリー、そして、異父姉のアリスは、私にむかしの写真を見せながら、様々な話をしてくれました。
ここでは、ローラが語ったことを中心に、当時の生活をたどってみましょう。

5 「原住民居留地（Native Reserve）」での日々——ローラの物語

私が生まれたところから始めるのね？　私は一九五六年にパースの病院で生まれました。少女時代は、リザーブ（原住民居留地）で暮らしていたわ。

いつリザーブができたか？　うーん……なにしろ幼かったから確かな記憶はないんだけど、はっきり言えるのは一九六三年頃には間違いなくあった、ということね。それまではブッシュでキャンプしてたのよ。父さんがゴミ捨て場からブリキを拾ってきて、粗末なバラックを建てて暮らしていたの。

私が七歳の時（一九六三年）に政府がリザーブに家を建てたので移ったの。小さな井戸があったので「リトル・ウェル・リザーブ（小さな井戸のリザーブ）」って呼ばれてたわ。

政府が家を建てたって言っても、その家もブリキでできたバラックでね。でも、キッチンをはさんで二つの寝室があって、ベランダもついていたし、前の家よりは随分ましだった。プライバシーもあったしね。そう、壁も屋根もみんなブリキよ。床？

原住民居留地の生活の一コマ。洗濯をしているのはローラの母キャロリン。1950年代。

ああ、床はむき出しのコンクリートだったわ。冬はしんしんと冷えてね。足がすごく冷たくて……。

あの頃あそこに住んでいたのは……ちょっと待って、図を描いて思い出すから。うちがここでしょ？で、ファレル家、バーン家、ネリー家、ケリー家、キンバリー家、バインダー家、キャメロン家。全部で八軒だわ。みんな同じ構造のバラックでね。

人間関係？　ああ、この八軒のほとんどが親族よ。どこかでつながりがあったわ。どことも関係がなかったのはキンバリーとネリーだけだったわ。でもね、親族でなくったって、リザーブに住んでいた人はみんな仲が良くて、ひとつの家族みたいなものだったのよ。

リザーブの真ん中には共同のシャワーと洗濯場があって、奥の方に二つのトイレと小さな井戸があったの。共同の水道もあったけど、井戸水の方が味がよかったから、そっちを汲《く》み上げて飲んでたわ。

シャワーもトイレも子どもたちのいい遊び場でね。隠れてて大人をおどかしたりしたものよ。洗濯機なんかもちろんなくて、桶《おけ》で手洗いしては、木の枝にかけて干してたわ。

うちは両親と父さんの母（養母）のミッジお祖母《ばあ》ちゃん。あとは私をいれて四人（異父姉も含めて）の娘たちで、総勢七人が二つしか部屋のない小屋に住んでいたわけ。

うちなんかまだいい方で、子だくさんで十人以上で住んでいた家もあったわよ。

子どもたちは、みんな一緒に遊びまわってね。玩具なんて全くなかったけれど、棒やビンなんかで、もう夢中になって遊んでたわね。

電気はなかったけれど、薪《まき》を燃やすストーブがあって、それで料理をしたり、外で焚《た》き火をして灰の中で料理（灰で蒸し焼きにするのはアボリジニの伝統的な料理法）をしたわ。

朝食は……いまと、あまり変わらないわね。ウィート・ビックス（シリアル）とか、ポリッジ（お粥《かゆ》）とか、トーストとか。子どもたちは、大きなカップでお茶を飲むのが大好きでね。お昼はサンドウィッチとスープかな。ティー（夕食）は、たいがいカンガルーの肉だったわ。ローストしたり、シチューにしたり、キャセロールにしたり、ステーキにしたり。このステーキは、一度ボイルしてから焼くのよ。あ、それからディッピ（dippy）っていって、パンを肉汁に浸した物もよく食べたわ。

あの頃、店で買ってくる物といったら、砂糖とお茶、小麦粉、塩、バター、ビン入りのミルクくらいのもので、後はブッシュで採れる物をよく食べてたわね。ミルクも、父さんが牧場《ステーション》で働いているときは、新鮮なのをビリー（野外炊事用の湯沸かし鍋《なべ》）に入れて持って帰ってきてくれたし。でも、ときどきヤギの乳をもって帰ってくることがあって、あれはいやだったわ。わかるでしょ？　匂《にお》いがきつくてさ。

肉を店で買うことは全くなかったわね。父さんが週末にカンガルー狩りに行って、獲ってきたカンガルーを木に吊《つ》るして、肉に塩をふって数日もたせてたから。その肉や尻尾を灰に埋めて蒸し焼きにして食べたのよ。エミューも獲れればおなじようにして食べてた。

母さんは、週に一度、町まで歩いて買い物に行ってた。ほら、赤ちゃんを乗せるようなカートがあるでしょ？　あれを押して行って、小麦の大袋なんかを乗せて帰ってくるのよ。

母さんは小麦粉を練って、灰の中やストーブで焼いてダンパー（ホットケーキのようなもの）を作ってくれたから、それをパン代わりによく食べたものよ。

ミッジお祖母《ばあ》ちゃんが、よく私たちをブッシュに連れていってくれてね。いろいろなことを教えてくれたのよ。ボブテイル（小さなトカゲ）を捕まえて灰の中で蒸し焼きにして、よく食べさせてくれたわ。味？　味はそうね……ゴアナ（大トカゲ）によく似てて、ちょっと鶏肉みたいな味ね。おいしかったわよ！

それから、カーナっていう、茶色の皮の下に白い、ちょっとライチに似た果肉がある実をよく食べたっけ。それとワランジ。これは年中生えていて、木にからまった蔓《つる》には紫色の花が咲くのよ。蔓を見つけたら、根気よくその下を掘って芋を掘り出してね、灰の中で蒸し焼きにするの。ちょっとベタベタするけど、とってもおいしかった。あと、バーディ（芋虫）もよく食べたわね。

でも、なんと言っても一番おいしかったのは、ポーキパイト（ハリモグラ）よ。食べ方？　ああ、まず茹《ゆ》でるのよ。茹でると針がやわらかくなるでしょ？　やわらかくなったところでフォークで針を引き抜くのよ。あとは灰の中に入れて丸焼き……というか、丸ごと蒸し焼きにするの。すごく脂がのってて、こってりとした味で最高だったわ。針は乾かして爪楊枝《つまようじ》にするの。貧しかったけれど、飢えることはまったくない日々だったわね。

リザーブの女たちは、主婦として子育てや家の周りの仕事をしてね、男たちはミンゲニュー周辺の牧場《ステーション》や農場で、いろいろな賃仕事をしてたわ。

父さんは市民権を得ていたから、賃金をもらえたの。白人よりは安かったけれどね。一番いい収入になったのは、シアリングで、たぶんひとシーズンに、今のお金に換算すると二百ドルぐらいは稼いでたんじゃないかしら？　たしかじゃないけど。

でも、これは季節労働だから、ふだんはブッシュの整地や、干し草をトラックで運ぶ仕事やフェンスを直す仕事なんかをしてたのよ。トラクターの運転を夜昼交代でやったりね。シアラーは誰でもなれるものじゃないのよ。技術もいるし、契約請負人（コントラクター）とのつながりをもって、仕事を回してもらわなくちゃならないし。

リザーブでシアラーをやれたのは、父さんのほかには二人だけ。あとの人たちは雑多な手間仕事で暮らしていたのよ。父さんは働き者だって知れ渡ってたし、よいシアラーだって定評があったから、うちには暮らしていくのに充分なお金があって、銀行

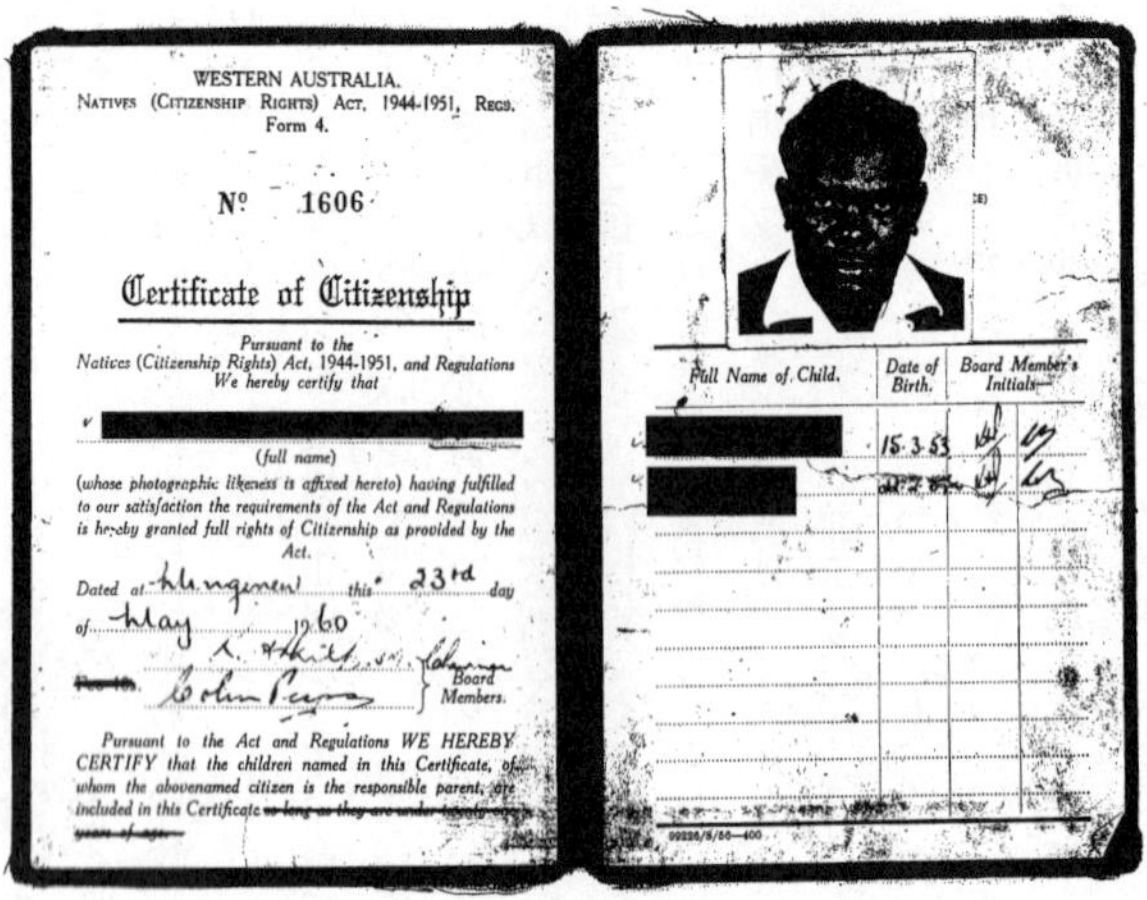
WESTERN AUSTRALIA.
NATIVES (CITIZENSHIP RIGHTS) ACT, 1944-1951, REGS.
Form 4.

Nº 1606

Certificate of Citizenship

Pursuant to the Natives (Citizenship Rights) Act, 1944-1951, and Regulations We hereby certify that

[redacted]

(full name)

(whose photographic likeness is affixed hereto) having fulfilled to our satisfaction the requirements of the Act and Regulations is hereby granted full rights of Citizenship as provided by the Act.

Dated at Mingenew this 23rd day of May 1960

Board Members.

Pursuant to the Act and Regulations WE HEREBY CERTIFY that the children named in this Certificate, of whom the abovenamed citizen is the responsible parent, are included in this Certificate ~~so long as they are under twenty-one years of age.~~

Full Name of Child.	Date of Birth.	Board Member's Initials.
[redacted]	15.3.53	
[redacted]		

原住民用市民権証　ローラの父アーサーのもの。

に預ける分があるほどだったのよ。家に隠す方が安全だから銀行には預けなかったけどね。

あの頃は、気心の知れたアボリジニだけで、楽しく暮らしていたわ。リザーブのほかにも、ミンゲニューの町を囲むようにアボリジニのキャンプが三つあって、そこに住んでいた人たちとも、しょっちゅうシェアリング（物の分け合い）をしていたのよ。

別に親族だけで分け合ったんじゃなくて、みんなと行き来があったから、だれとでも分け合っていたのよ。カンガルーが獲れれば、獲れなかった人に分けるっていう具合にね。

ローズマリおばさんも、当時はミン

ゲニューの丘の麓《ふもと》のキャンプに住んでたのよ。ゴミ溜めから拾ってきた物でバラックを器用に建ててね。

アボリジニはホテルにも入れなかったし、夕方六時になると、町の道路から消えていなくちゃならなかった。市民権があっても関係なしよ。

ゴミ溜めから拾ってきた物で造られているアボリジニの家。中央の炉は、ドラム缶を半分に切ったもの。(ローズマリおばさんの家ではありません)

これは、人種差別の悪法だったけど、でも、ある意味ではたしかに安全だったのかもね。アボリジニが平等に扱われるようになって、自由に夜中までぶらつけるようになったら、未成年の子たちが夜中まで町でぶらぶらして、悪いことを覚えるようになっちゃって……。

いま、ジェラルトンでは、ヤマジー自身がこういう状況から子どもたちを救おうっていう動きがあるの、知っているでしょ？　そうよ。「ヤマジー・ヤング・パトロール」。夜十時以降に、ヤマジーと白人のボランティアがパトロールをして、悪さをしてる子どもたちを家に帰しているでしょ？　あの頃は、そんな必要はなかったのよ。

見まわりといえば……。リザーブに住んでいた頃は、原住民福祉局の役人が不意打ちで見まわりに来て、混血の子どもたちが清潔な環境で暮らしているかをチェックしてたのよ。もし、彼らの目に少しでも不適当だって映ったら、その子は強制的に施設に連れ去られちゃうから、みんな一生懸命清潔にしていたものよ。

リザーブの方がキャンプより環境はよかったけれど、リザーブにはこういう監視があったのに、なぜかキャンプは無視されてたから、キャンプに住む人の方が多かったのよね。

「原住民福祉」なんて言ってもね、平等じゃなかった。失業手当や家族手当みたいに、白人には与えられていた社会保障が、アボリジニには全く与えられてなかったもの。今なら、失業している家族には失業手当の他に、児童福祉手当を子ども一人につき二十ドル、家を借りたら補助金六十五ドルを二週間ごとにもらえるのよ。でもね、当時は児童福祉手当だけが、一人につき二週《フォートナイト》ごとにわずか二ドルもらえるだけだったの。

だけどね、それだけにあの頃は、みんな一生懸命働いていたし、助け合っていたし、ある意味ではずっと良かったような気がする。いまみたいに、失業手当もらって、酒びたりで暮らすアボリジニなんて、当時はいなかったもの。だいたい、ほとんどのアボリジニは、お酒を飲むのを禁止されてたし。

牧場《ステーション》に住んでいたアボリジニの方が、ずっと部族の伝統を守っていたんだと思う。ミンゲニューのアボリジニは、イニシエーションを受けたりコロボリーに参加したりということとは、少なくとも私が物心ついてからは、まったくなかったもの。

私ら姉妹はね、ナホコ、幼い頃から花柄のブラウスとか、良い服を着せてもらって、きちんと育てられたのよ。町にショーがやってくると、アボリジニも白人もきれいな服を着て集まって、楽しかったものよ。べつに、その場で差別されることもなかったし。

原住民居留地の家の前で。ローラの姉マリアと、祖母ミッジ。1955年。連れ去られないために、きちんと靴をはかせている育て方と、政府の建てた家がどんなものかがうかがえる。

忘れられないのはね、シッドおじさんのボクシング事件よ。おじさんは、あの頃二十歳ぐらいで、私たちと暮らしていたんだけどね、お祭りでやってきた興行ボクシング（サーカス等についてくる賭《か》けボクシング。最低のファイトマネーで使えたために、多くのアボリジニがボクサーとして雇われ、巡業していた）に、飛び入り参加しちゃったのよ。勝っても負けてもお金がもらえたもんだから、おじさん、張り切ってリングに上がっちゃったのよね。

覚えているでしょ？　おじさんは、温和で引っ込み思案な人だったじゃない。あんなことに挑戦するなんて思ってもみなかったから、みんなびっくりしたわよ。父さんは、おじさんの無鉄砲を恥ずかしがって、渋い顔をしてたわ。

シッドおじさんがリングに上がると、白人のアナウンサーが即興で、「さあ、みなさん！　彼こそは、このマーチソンからやってきた恐ろしい原住民、その名も〈野蛮人シッド（Savage Sid）〉！」って叫んだもんだから、私ら子どもたちは、まじまじとおじさんの顔を見ちゃったものよ。

もちろん、シッドおじさんは、試合が始まった……と思ったとたんに、ノックアウトされて、リングにのびちゃったけどね。そのあとしばらく、見事な青痣《あおあざ》をくっつけてたわよ。二十年ぐらいまえまでは、こんな興行ボクシングが盛んだったのよ。

いつ頃、アボリジニがリザーブから出て町なかに住むようになったか？……そうね

ミンゲニュー・ショーを楽しむアボリジニの若者たち。1950年代。

ミンゲニュー・ショーの日。おめかしをしたローラの姉マリアを、白人の女性たちが微笑んで見ている。1958年。

ね。

覚えているかぎりでは、政府の政策で徐々に移っていったっていう感じだったわ

一九六五年に、政府が一番町外れのエレノア通りに二軒アボリジニ用の家を建てたの。そこにうちとキャメロン家が引っ越したのが最初だと思うわ。白人の家よりはずっと小さかったし、いかにも町外れっていう所だったけれど、バラックじゃなくて本物の家だった。

でもね、私たちがリザーブで暮らしていた頃に、もう町で暮らしていたアボリジニもいたのよ。そう、会ったことがあるでしょ、あのマットおじさんの一家よ。

マット・ファレルの両親は南部からやってきたアボリジニで、自分の伝統集団がどこかも知らないキリスト教徒でした。彼らは一度も原住民福祉のお世話になったことはなく、ごく自然に町に住み、白人から「アボリジニだ」と思われることもなく暮らしていたようです。

マット自身も、北部から数百頭の牛を南部へと運ぶドローバー（牛追い）チームの頭として尊敬された人でした。「おれは、白人から差別されたおぼえはないなぁ」と

言い、ほかのアボリジニが夕方になると町から出なければならない時代に町中に住んでいたのです。市民権をもっていたからではありません。警察官（当時は警官がアボリジニ保護官だった）から、「市民権までとらなくてもいいけれど、免除証明だけでもとっておけば、雇われやすくなるぞ」とアドバイスされて免除証明だけもっていたそうです。

こういう「白人と暮らしているアボリジニ」は、「ヤマジー」と呼ばれることを嫌い、フリンジ・キャンプやリザーブで暮らしているアボリジニとは付き合わなかった、と、ある論文(11)で書かれていましたが、マットおじさんによれば、「ミンゲニューでは、べつに、そんなこともなかったな」とのことでした。

ちなみに、前述した論文に、当時白人とアボリジニは厳格に分けられていたが、不思議なことにフットボール・チームは別で、白人とアボリジニが混ざってフットボールを楽しんでいたと書かれています。これは、ミンゲニューでもそのとおりだったようで、マットは白人と一緒にフットボール・チームでプレイし、このチームには、ローラの父アーサーも加わっていたそうです。

よそのチームとの試合の時には、妻たちは、白人もアボリジニも関係なく「ミンゲニュー・チーム」の夫たちを応援していたそうで、ローラは、白人女性が「アーサー、がんばってー！」と、お色気たっぷりに応援したのを聞いた母キャロリンが、「あれは私の夫よ！」と怒鳴ったのを覚えていると笑っていました。

ある所では隔離され、ある所では混ざり合っていた、アボリジニと白人の不思議な関係が、この話からは浮かび上がってきます。

エレノア通りの家に移ってから数年後に、エレノア通りより一本内側のフィールド通りに、政府が、またアボリジニ用の家を二軒建てたの。だんだん町の中心地に近くなっていったのよ。それで、また私たちとキャメロン家がそこへ移ったの。この時かな。初めて冷蔵庫やテレビを持てたのは。

一九七〇年代になると、それまでリザーブに残っていた家族も、どんどん他へ移って行ったわ。ミンゲニューじゃなくて、もっと大都市のジェラルトンやなんかに移って行ったのよ。ミンゲニューに移る人が少なかったのは、当時農場や牧場《ステーション》が不況で、その上、機械化が進んで、アボリジニがやれるような賃仕事があまりなくなってしまったからでしょうね。ミンゲニューみたいな小さな町じゃ、仕事が見つからなくなっちゃったのよ。

あの頃ちょうど失業手当が受けられるようになったでしょ？　失業手当はジェラルトンみたいな大きな町の役所に登録して、しかも毎回そこへ受け取りに行かなきゃならなかったから、ジェラルトンへ行く人が多かったのよ。子どもたちも、田舎町《いなかまち》よりは、都会に惹《ひ》かれたし……。でも、都会で仕事につけるのは教育を受けた人に限られてたからね。うち？　うちは父さんが優秀なシアラーで、ミンゲニュー周辺の牧場《ステーション》で仕事が続けられたから。

愛車にもたれるアーサー（ローラの父）。1950年代。

私は、リザーブにいた間に小学校へ通って、小学校を卒業したらモロワの中学に進んだの。一九七一年には、ミッド・ウエスト地域のアボリジニで、ただひとり、中学校修了証明書を得た学生になったのよ。

十六の時にパース（州都）に出て、アボリジニ少女用のホステルに住んで、ビジネス・カレッジに通ったの。タイピストにでもなって、大都市で働くことにあこがれたのよね。実際、少しは働いたのよ。その頃にジェイコブの父親と知り合って、ジェイコブが生まれて……。でも、どうしても大都市になじめなくて、ホームシックになっちゃって……。

二十二歳の時にミンゲニューに帰ってきたの。それで、ミンゲニューのホテルの酒場で、今度はアーサーの父親と知り合って、アーサーが生まれたってわけ。父さんに、「この子、アーサーって名前にするわ」って言ったら、ポロポロ涙を流してくれたのよ。

その頃、ジョン・ベンジャミンおじいさんが家に住んでいてね。そう、ほら、父さんを聖地の番人にしようと説得に来たおじいさんよ。彼は、ニンガン牧場《ステーション》の最後の「ロウ・マン(Law man:伝統集団の法の番人)」で、私が子どもの頃から、何度か泊りに来ていたのよ。

夜ね、おじいさんが真っ暗な部屋で、窓の外を見ているのを、何度も見たことがあるわ。隠れて、そっとのぞいていると、おじいさんは、窓の外の誰かと話をしているのよ。バディマヤ語で。でも、私には誰も見えないの。……あれはね、きっと、ミンゲニューを通って「遠征」に行く途中のジナガビ(呪術師《じゅじゅつし》)と話していたんでしょうね。

証拠？　証拠はないけど。でも、翌朝外に出ると、すごいエミューの脂の匂《にお》いがしたものよ。ジナガビは「フェザーフッド（エミューの脂と羽根を足につけ、足跡を消したことからきた名前）」とも呼ばれていたんだから、それが証拠よ。それから、闇《やみ》の中で、燃えている光のようなものを見たこともあるわ。あれはね、彼らが、ここに来て、人々を見張り、また、去って行ったっていうしるしなのよ。

ジョンおじいさんは、気のいい人で、みんな大好きだったんだけど、大酒飲みでね。よちよち歩きのアーサーに、「いい子だ、なあ、おじいさんにビールをもってきておくれよ」って言ったら、アーサーが「馬鹿《ばか》な年寄りのアボリジニのおじいさん！　ビールなんてやらない！」って怒鳴ったことがあるのよ。みんな大笑いしたわ。

ジョンおじいさんは、お父さんを説得しそこなったから、今度は私の息子のアーサーを「聖地の番人」にしようと考えていたのよ。アーサーには、その資格があるって。

私の長男はジェイコブなんだけど、ジョンおじいさんは、アーサーを選んだの。ジェイコブが白人との間の子で、アーサーはヤマジーとの間の子だったからかしら。顔もアーサーの方が父さんによく似ていたし……。なにか特別な素質があるのかもしれない。

アーサーはね、五歳ぐらいのときに不思議な体験をしたんですって。

ある夜ね、目をさましてトイレに行って、寝室に戻ろうとしたとき、家の中で小さな男と出会ってしまったの。長い髪と長い髭《ひげ》をはやした、赤い目をした、子どもぐらいの小さな男。彼はね、ただ立って、じっとアーサーを見ていたんですって。アーサーは彼を見たけど、歩きつづけて、私が寝ているベッドにすべりこんだんだって。きっと「ウーダジ・マン（洞窟《どうくつ》に住んで、ジナガビに仕える、魔力をもった小人）」だったんでしょうね。

アボリジニの呪術《じゅじゅつ》は、本当にあるのよ。むかし、母さんがね、私を身ごもっていたとき、マウント・マグネットにピクニックに行って、うち捨てられたキャンプの跡で休憩したんだって。母さんは、マウント・マグネットに属していないから、そこへ行くのを許されていなかったの。でも、母さんは、それに気づかずに、キャンプ跡に落ちていた儀式用の棒をなにげなく拾って、ミンゲニューに帰ってきてしまったの。ちょうど、父さんとお祖母《ばあ》ちゃんが、あるアボリジニの老人を昼食に招いていてね。昼食を始めたとき、急に母さんが気が遠くなって倒れてしまったのよ。ね、マリア？

✣

話をふられた、姉のマリアは、おっとりと、うなずきました。

「母さんが倒れたとき、その老人が、母さんを支えたの。そして、ベッドに運んで、母さんの額に掌《て》を当ててたのよ。その時は、まだ母さんでさえ、自分が妊娠しているとは知らなかったのに、彼は「彼女は、赤ん坊を産むだろう」って言ったのよ。そして、母さんの額から掌を離したの。……そうしたら、彼の掌から、まるで車のウィンド・スクリーンが粉々に割れたようなガラスの破片がいっぱい出てきたのよ。母さんは、行ってはいけない所へ行って、触れてはいけない物に触れちゃったの。だから、呪《のろ》われたんだけれど、そのおじいさんが助けてくれたのね。母さんは、それからすぐに、儀式用の棒を返しに行ったわ」

✧

こんな風にね、本当に呪術《じゅじゅつ》ってあるのよ。特に、父さんと母さんは、マウント・マグネットのクレア・ジョーダンに憎まれていたから、マウント・マグネットの方へ行くたびに、恐ろしいことが起きたのよ。でもね、父さんは人がよかったから、人に頼まれると快く車に乗せて、マウント・マグネットへ送って行っちゃったのよねぇ。

ある時、私たち子どもも連れて、なにかの用事でマウント・マグネットに行ったことがあるの。車を止めてブッシュでキャンプしてたんだけど、真夜中に、突然父さんが、「みんな起きろ！　早く車に飛び乗るんだ！」って怒鳴って、私たちを車に押し込んだの。父さんの髪の毛が逆立ってた。猛スピードでぶっとばしてミンゲニューに逃げ帰ったわ。怖かったわよ。父さんは、なにを見たのか、絶対に教えてくれなかったけれど。

一度は、背中を血だらけにして帰ってきたこともあるのよ。父さんが、マウント・マグネットで野宿していたら、突然、数人のジナガビが襲ってきたんですって。逃げたんだけど、追いつめられて背中をひっかかれて血まみれになったのよ。でも、急にジナガビが、まちがった人を襲ったって気がついたらしくて、立ち去るのを許してくれたんだって。

ジナガビは人間よ。でも、特別な力をもっているの。

父さんはね……結局ジナガビに殺されたんだと思う。ある日、家に入って行ったら、父さんが、怯《おび》えた顔をして、「ローラ、窓のカーテンを閉めてくれ！」って頼んだのよ。

「なんで？　こんなにいい天気なのに。もったいないじゃない」と言ったら、ささやくような声で、「外に、あれがいる。おれをじっと見ている」って言ったのよ……鳥肌が立っちゃった。でも、私があわてて外を見ても、なにも見えないのよ。

「誰もいないよ」って言っても、「そこにいる」って……。それから、ほんの数日後に、それまでまったく健康だった父さんが、心臓発作であっけなく死んじゃったのよ。マウント・マグネットのジョーダンたちが、きっと父さんを呪《のろ》ったんだわ。


ここで、私は、ワジャリの長老から聞いた話を、もちだしてみました。

「でもね、ローラ。ジナガビは部族の法の番人だから、部族の法を犯していなければ、恐れることはないって、エリック（ワジャリの長老）は言ってたわよ」

するとローラは首をふりました。

「そんなことはないわ。ジナガビは、恐ろしい呪術師《じゅじゅつし》なのよ。だって、父さんは、なにも悪いことはしていなかったのに、殺されてしまったもの」

こうローラが言ったとき、ふと、アーサー自身は、そう言いきれただろうか、という思いが頭をかすめました。彼は、再三「伝統集団の法」に従うように言われながら、それを断ってきたのですから。彼には、ジナガビを恐れる気もちがあったのかもしれません。

ナホコはね、信じられないかもしれないけれど、私はこの目で見ているのよ。父さんやシッドおじさんが怯《おび》えている顔を。

あのね……シッドおじさんは恐ろしい死に方だったのよ。おじさんが心臓発作を起こしたあと、ジェラルトンの病院に、入院させるために連れて行ったの。でも、おじさん、病室に入ろうとしないのよ。真っ青になって、ぶるぶるふるえて、誰もいないからっぽの病室の角を指さして、「あそこにジナガビがいる！　おれをここへ入れないでくれ！」って言ったのよ。でも、他に空きがないっていうんで、仕方なくそのベッドにおじさんを寝かしたのよ。

その後、すぐ、おじさんはまた心臓発作を起こして死んでしまったんだけど……。髪の毛が、わずか一晩で真っ白になってたの。

父さんも、シッドおじさんも、マウント・マグネットの方からやってきたジナガビに殺されたんだと私は信じているわ。

ジナガビは、処刑する相手に催眠術をかけ、本人が知らない間に密《ひそ》かに連れ出して、その心臓に小さな骨を埋め込む。埋め込まれた者は、自分がなにをされたのかも気づかずにキャンプに帰り、その後、突然の心臓発作で死んでしまうとされている……という記述を、私は帰国してから、文献の中に見つけました。ローラが、そういう呪術《じゆじゆつ》の詳細を知っているのかどうか、今度会ったときに確かめてみようと思っています。

ただ、気になる一致は、ローラの父も、シッドおじさんも、突然の心臓発作で亡くなっていることとです。それが呪《のろ》いであるかどうかは、誰にも判断はできないでしょうが、亡くなる前の彼らの異常な行動と、それまでの複雑な愛憎を秘めた人間関係が、ローラたちに「父とシッドおじさんはジナガビに殺された」という思いを信じさせているのでしょう。

バディマヤの伝統集団の伝統文化を守る……かつて、私は、それを大切なことだと考えて、若いアーサーが聖地の番人になってくれればいいのにな、と思ったことがあります。

彼らの生きてきた道、彼らが生きている今を知ったとき、私はもう、そんな風には思えなくなっていました。

終章　隣のアボリジニ

「大地の掟《おきて》を守り、自然と共に生きるアボリジニ」……そういうイメージからは自分がまったく外れてしまっていることを、ローラは、しっかり認識しています。自ら、「部族の文化は知らない」と言い、白人社会で教師として生きることに誇りをもっているのです。……それでいながら、マウント・マグネットのジョーダン一族との確執――父と叔父をジナガビに殺されたと思いこみたいという感情や、彼らの目を気にして行動しているように、白人とはちがう「アボリジニの世間」にがっちりと組みこまれているのです。

シドニーなどの大都市に暮らす、いわゆる「都市のアボリジニ」と呼ばれる人々は、ヤマジーより早く「居留地」での隔離や白人社会への同化政策の洗礼を受けた人々です。

ヤマジーの場合も強制隔離、同化政策の洗礼を受け、都市化していった状況は「都市のアボリジニ」によく似ています。しかし、私が彼らを「都市のアボリジニ」とせずに、「地方の町のアボリジニ」という言い方をしているのは、「牧場《ステーション》暮らし」をしながら「聖地の番人」として生きたローラの大叔父ジョン・ベンジャミンのように、この地域の、特に聖地を敷地に含んでいる牧場で暮らしていたアボリジニの中には、かなり「伝統集団の法」を守りながら暮らしてきた（現在も守っている）人々がおり、状況が少し異なるからなのです。

そして、マリアンの両親（ドリーとジョン）のように、より豊かな生活をするために牧場を離れて都市化していったアボリジニもいれば、ローラの父アーサーのような事情で「伝統集団社会」からはじき出されてしまったアボリジニもいるわけです。そうして「町」へと移り住んだ彼らは、しかし、「白人」に完全に同化したわけではありませんでした。

白人社会の外側に隔離され、「原住民」として区別されて暮らしながら、フットボールの試合の時などは「ミンゲニューの住人」として、白人たちと同郷意識をもっていた日々。……ローラたちの世代は、隔離と同化の、時に厳しく離れ、時に近ぢかと触れあう、微妙で複雑な細道の狭間を、たどって生きてきたのです。

あるミンゲニュー生まれの白人女性が、「ローラやシェリーはいい子だから、彼女らを傷つけないでね」と前置きをして、自分の思いを語ってくれたことがあります。「私はね、あの頃の方がよかったと思っているの。アボリジニと白人が、きちんと分けられていた頃にはトラブルなんてなかったもの。小学校では、リザーブのアボリジニの子たちはすぐカッとなるから、気をつけなければいけなかったけれど、でも仲良くしていたし。ローラのお母さんやお父さんみたいに、アボリジニも働き者だったし……。でもね、アボリジニが町に住むようになって……酒が飲めるようになったら、働かないで、酒ばかり飲んで騒ぐアボリジニが増えて……。いまは、ひどいものよ」

アボリジニと白人の間を、秩序あるやり方で隔離することで平和だったのだ、と彼女は語りました。一緒に住むようになったから、トラブルが増えたのだと。

これは、アボリジニだけに一方的に不自由を押しつけて成り立っていた「平和」でした。「働き者の、よいアボリジニ」がゴミ溜めから拾ってきた石油缶を切り開いて小屋の壁を作って住んでいたとき、彼女らは、清潔な家に住んで、「政府の役人に子どもを連れ去られる」恐怖など味わったこともなかったのですから。

ところが、生活史を多く収集するうちに、この「隔離」の時代について、アボリジニたちの側も、相反する複雑な気持ちを抱えながら捉《とら》えていることに気づかされました。

ひどい時代だった。差別され、自由に暮らせない時代だった、と回想する一方で、白人とはあまり関わらずにアボリジニだけで気楽に暮らせて、男たちが酒を飲むこともなく、明るく働いて、家族を大事にしていた日々。子どもが不良化することもなく、ドラッグもなくて、いい時代だった……と言う声も副音声として聞こえてくるのです。

オーストラリア政府は、ともかくも「抑圧的なアボリジニ政策をあらため、彼らの文化と自律性を尊重し、社会的格差を埋めるために優遇措置をとって」現在に至っているのに、そして、アボリジニの側でも、様々な社会・文化的な改善を試みているのに、なぜ、彼らは心のどこかで「あの日々」を懐かしむような気持ちを抱えているのでしょう。なぜ、失業・酒・ドラッグそして暴力という問題を抱えるようになってしまったのでしょうか。

白人主導の社会で豊かになるためには、「アボリジニらしさ」を捨てねばなりません。

白人社会で豊かになるために必要な基盤――教育、職業知識、人脈、財産――そのどれも持つことを許されずに、いきなり競争社会に放り出された歴史的背景と、現在も残る差別感情。雇用を阻む、ステレオタイプのアボリジナル・イメージ。そういう深い溝の中から、一人跳びあがり、社会的な成功を果たすという大変な作業をするとき、親族や仲間をなにより大切にし、みんなと同じレベルで生き、得たものは分かち合うという「アボリジニの世間」の大原則は足に巻きついた太い鎖になるからです。

オーストラリアは多文化主義を掲げていますが、社会・経済的な構造はあくまでも「白人文化」のものであり、その大前提は決してなくなってはいないのですから。

けれど、そうして鎖を（最も大切な人々との絆《きずな》を）断ち切って孤独になって……それで、完全に白人社会に溶け込めるかというと、それも疑問です。自分が属するマイノリティ集団全体が（その文化特性を捨てることを強要されずに）社会の中である程度の豊かさを得なければ、個人が払う代償があまりに大き過ぎるのです。

では、「豊かになること」なぞ望まずに、ほどほどで暮らせば幸せなのでしょうか？

「アボリジニは、生活目標が白人みたいに高くない。失業手当をもらえれば、なんとか暮らせるし、なんとか暮らせるならそれで満足してしまうのが、彼らの文化的指向なのだ」という説があります。……しかし、忘れてはならないのは、アル中やドラッグ中毒、そして暴力の問題は、満足して暮らしているのなら起きはしないのだ、ということです。

オーストラリア社会の中で暮らしながら、完全には適応しない（あるいはできない）ということは、漠然とした不安と不満と、退屈という底無しの闇《やみ》を身のうちにもってしまうことなのかもしれません。大きな川に胸までつかりながら、川に溶け込むことも、岸に上ることもできずに、立ち往生をしているような不安定さが、そこにはあるからです。

こういう場合、不満の原因が本人にはっきり見えているとはかぎりません。むしろ、若い頃のマリアンや、マリアンの娘のように、自分でも「何」とは特定できない不満に鼻面をひきずりまわされてしまうことも多いのでしょう。「貧しさ」「差別」「就職機会の不平等」……そんな言葉で不満のもとを理解しようとしても、それだけでは、まだ言い尽くせない、なにか。

本人たちにさえ見えない原因は、他者には、もっと見えません。そして、人は、問題がはっきりとわかれば解決しようと努力するけれど、問題自体がよく見えないと、とても不安になり、なんとか型にはめて理解しようとする傾向があるのです。

今、アボリジニが社会に対して感じている不満だけではなく、アボリジニに対する周囲の不満もまた、理性では抑えきれぬ危険なたかまりを見せているように思えてなりません。

テレビで、アボリジニが、声高にアボリジニを差別してきた歴史の悲劇を訴え、土地権を要求している場面を見たとき、ある白人の青年が私に言ったことがあります。

「オーカイ（OK）。たしかに、おれたちのご先祖さまは彼らにひどいことをした。でも、おれたちはまだ生れていなかったんだぜ？　どうしておれたちが責任をとらされるんだ？　なあ？　おれたち白人の若者は、いつまで自分たちがやってもいない「むかしの差別」で、奴らから憎まれなきゃならないんだ？　アボリジニの若い奴らは、いい加減に被害者意識からぬけだせってんだよ。奴らが生まれた頃には、もう親の世代みたいな政治的な不平等なんてなかったんだからよ。自分の力でおれたちと競争すりゃいいじゃないか」

これは、多くの白人たちの本音でしょう。こういう声に支えられて、「多文化主義」を真っ向から否定し、まるでナチスそっくりに「ひとつの民族（つまりはアングロ・ケルト系白人）によるオーストラリア」を目指す「ワン・ネーション党」が、一時期とはいえ、無視できない勢力となったのは、つい最近のことなのですから。

大都市に暮らす多くの白人たちは、学校教育で「アボリジナル・スタディ」が始まるまで、ほとんどアボリジニのことなど知らなかったという人々が大多数です。そういう人々にとって、アボリジニを理解する情報源はもっぱらテレビと新聞、というこ

ローラの甥の結婚式。花嫁は白人女性。左から、マリア（ローラの姉）、花嫁の母、花嫁、ビンディ（ローラの妹シェリーの娘）、ローラの甥、ローラ、ディッキー（ローラのボーイフレンド）、シェリー、その右の子どもは彼女の息子サム、そして、アーサー（ローラの次男）。1995年。

とになります。

その一方で、地方の町に暮らす人々（白人に限らず、アジア系等のオーストラリア人でも）は、隣にアボリジニが引っ越してくると、「真夜中まで大勢が出入りして騒いで、うるさくてたいへんだ」とか、「娘の車が、アボリジニのガキに叩《たた》き壊された」というような苦情を抱えて暮らしています。「福祉をあてにして、ぶらぶら怠けてないで、自分で努力して苦境から抜け出せよ！」という憤懣《ふんまん》が鬱積《うっせき》することになるわけです。

「アボリジニは狩猟採集民で、文化的に「競争原理に支えられた資本主義社会」に合わないと言うが、それはアップ・ノース（極北部）や中央沙漠の伝統的な暮らしをしているアボリジニならわかる。けれど、町にいるやつらは、もうそんな文化なんかもってないじゃないか。やつらは、ただ怠けているだけだ」

そう。私も最初とまどったように、町で暮らすアボリジニは、ケンタッキー・フライドチキンを食べ、Tシャツを着て、一見白人と変わりがないように見えます。ただ、貧しく、大家族で、ぶらぶらしているのが好きなだけで、「伝統的な生活を守っているアボリジニ」のような異文化の民ではない……そう見えるのです。

多文化主義の理想を支持している白人でさえ、「異文化が問題の原因なら理解を示すべきだが、ただ怠けて駄々をこねているだけなら許せない」という意識があります。狩猟採集をしているわけではない。伝統的な宗教儀礼をしているわけでもない。言語も英語。でも、なんとなく白人とは違う。白人側からも、そしてアボリジニ自身の側からも、どこが違うと、はっきり指摘できない……でも、なんとなく異質な集団であること。

ここに「地方の町のアボリジニ」が抱える問題の鍵があると、私は思うのです。

彼らの暮らしには、社会への不適応を促す問題の根底となっているものが――これまでの歴史的な経緯の中で生み出されてきた独特な生活文化が――確かにあるのです。

日曜礼拝に訪れたロウ一家。右端がドリー（マリアンの母）、その隣がエリー（マリアンの姉）、そして、マリアン。一番左がジョン（マリアンの父）。1991年撮影。

職場や学校、お隣さんとして付き合う、アボリジニ以外の人たちとの付き合いとは、まったく濃度の違う「アボリジニの世間」が彼らの日々の生活を厚く覆っているのです。ローラのようなインテリのアボリジニや、「キリスト教徒として生まれ直した」と自任するマリアンでも、どう生きるか、どう行動するか、その判断を根っこの部分で左右しているのは、親族を中心としたアボリジニたちとの人間関係だということは疑いの余地がありません。

しかも、その「アボリジニの世間」自体が、均質ではないのです。とても「白人的」な部分と、とても「アボリジニ的」な部分を含みこんでしまっているために、どちらを向いても、どこかからの目が気になる……そういう状態なのです。

そして、その異なるレベルのものをたくさん含みこんでしまっている複雑さ、曖昧《あいまい》さゆえに、外部からは「異文化」としては見えにくく、内側からも「これが私たちの文化なのだ」とは誇れないという困った状態を生み出しているように思うのです。

一九九六年、ローラは、この地域のアボリジニで初めて正規の教員資格をとったことで、地方新聞と「ヤマジー・ニューズ」に大きく報道されました。そのとき、あるアボリジニたちからは「私たちでも努力すれば成功できるという証拠」と称えられ、別のアボリジニたちからは、「あいつはもうアボリジニじゃない。白人になったんだ」とののしられたのでした。

社会に適応し、豊かになってしまうと「外れて」しまう世間――そのかわり、どんなに貧しい暮らしをしていても温かく包みこんでくれる世間が彼女らをとりまいています。

教師になったことで、ローラは豊かになったでしょうか？……たしかに、ある程度安定した収入は得られるようになりました。けれど、姉、ボーイフレンド、息子の家族が彼女の収入で生きている状態では、社会保障で暮らしていた頃とさして変化はありません。

「毎日忙しくて退屈する暇もないし、人に評価される仕事だしね」と言いながら、時にはストレス性の頭痛に悩まされて長期休暇をとったりしているローラなのです。マリアンの長女は、退屈から抜け出そうと「刺激的な遊び」を探しながらも、時に、はっとするような優しさを見せて、次第に大人への道を辿《たど》っています。次女は、「退屈が紛れるし、お金ももらえるから」と、アボリジニの文化協会で事務の仕事に精をだしています。

そして、どのアボリジニたちも、ハンバーガーをぱくつく一方で、白人家庭ではおよそ食卓に上らない、「カンガルーの尻尾（毛皮付きのまま蒸し焼きにしたり、皮を剝《む》いてぶつ切りにし、シチューにしたりします）」を家庭の味として楽しみ、葬儀の情報にアンテナを張り巡らして暮らしているのです。

白人社会と伝統集団の社会という二つの道の間で、ある者は白人社会よりの道を歩み、ある者は伝統法を守って聖地を守りながら、伝統集団よりの道を歩んで、今に至っている……そういう差異を限りなく含みこみながら、それぞれがみな、どこかで親族の網の目にとらえられ、同郷・同族の意識をもっている複雑な「アボリジニの世間」。

オーストラリア社会の中で……白人たちが作り上げた町の中で、彼らは、ふたつの

台所に置かれているカンガルーの尻尾。毛皮つきのまま蒸し焼きにしたり、皮をむいてシチューにしたりする。

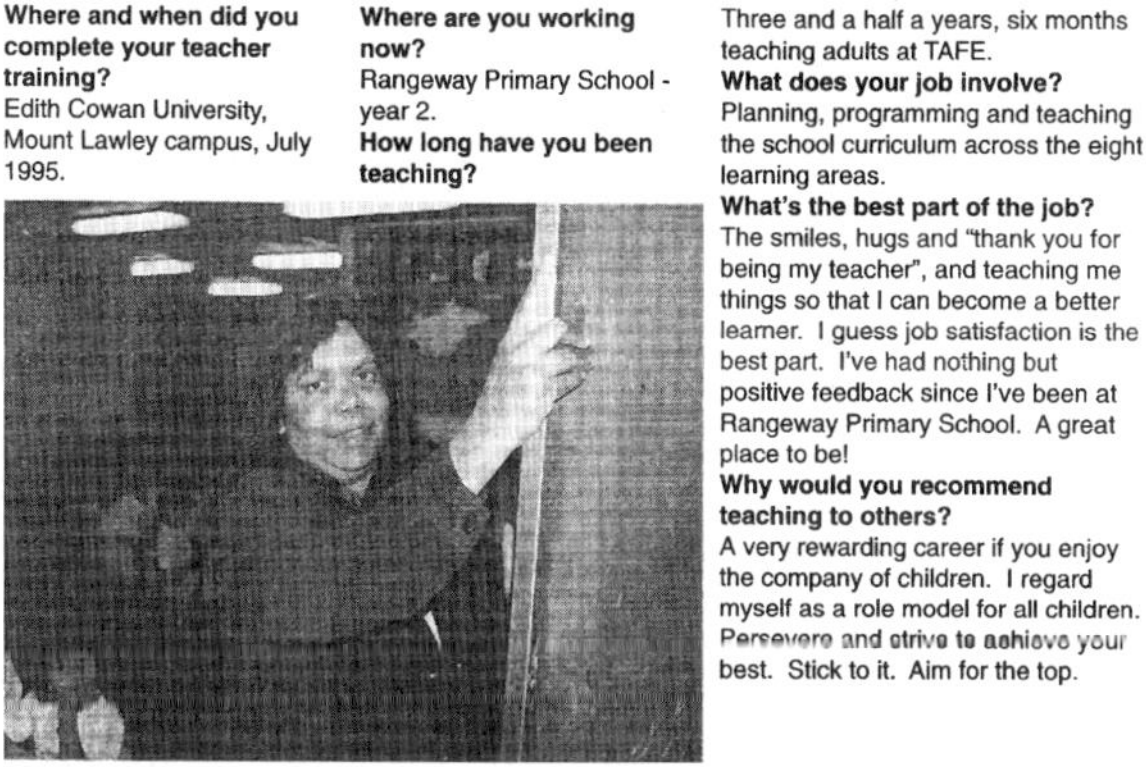

Where and when did you complete your teacher training?
Edith Cowan University, Mount Lawley campus, July 1995.
Where are you working now?
Rangeway Primary School - year 2.
How long have you been teaching?
Three and a half a years, six months teaching adults at TAFE.
What does your job involve?
Planning, programming and teaching the school curriculum across the eight learning areas.
What's the best part of the job?
The smiles, hugs and "thank you for being my teacher", and teaching me things so that I can become a better learner. I guess job satisfaction is the best part. I've had nothing but positive feedback since I've been at Rangeway Primary School. A great place to be!
Why would you recommend teaching to others?
A very rewarding career if you enjoy the company of children. I regard myself as a role model for all children. Persevere and strive to achieve your best. Stick to it. Aim for the top.

「ヤマジー・ニューズ」に掲載されたローラの記事。ローラの教師歴や現状が書かれている。

世間にとりこまれて、日々を過しているのです。

一九九九年晩秋のある日、私は見慣れないアドレスからのEメールを受け取りました。コンピュータの液晶画面に、ずらっと並んだ英文を、眉をひそめながら読んでみると……。

「こんにちは！　びっくりしてちょうだい。はるばるオーストラリアからのお手紙です！　イトコのデニスの家に泊まりに来ているんだけど、彼がパソコンを買って、メールが使えるようになったもんで、ナホコに書こうってことになったのよ。ナホコ、元気？　お父さんお母さん、弟さんはみんな元気ですか？　私は「ワジャリ語」の勉強を始めました。アボリジニ言語を教える授業を受け持つことになったの……」

それは、ローラからのメールでした。彼女のメールは、自分の姉たち、二人の息子たちとその家族、イトコ、ハトコ、姪《めい》っ子、甥《おい》っ子たちの話題で埋められていました。

「みんな元気よ！　また来年会おうね」

そう結ばれたメールからは、陽気な大家族の声が聞こえてくるようでした。

「地方の町のアボリジニ」たちは、「いずれは絶滅するだろう」というイギリス人入植者の予想を裏切って、百五十年の歴史をかいくぐり、いろいろ悩みを抱えながらも、町住まいのお隣さんとして、いまもにぎやかに暮らしています。

註

（1）「原住民」という言い方には、差別的な意味合いを含んでいます。「ずっと昔からそこに暮らしている人々」という意味で使うのなら、日本人も「原住民」と表現することがあるはずですが、そんな使われ方をすることはまずないですよね。つまり、「原住民」という言い方には明らかに別の意味合いが含まれているわけです。

もともと住んでいた土地に、他の場所から多くの人々が移り住んできて、その土地を占領し、国家を作ってしまったために、マイノリティにされてしまった、というような人々を示す場合は「先住民」あるいは「先住民族」という言い方をします。ちなみに、この二つにも厳密には差がありますので興味のある方は調べてみてください。

（2）「読者の皆さんへ」というところでも書きましたが、「部族」という用語は差別的な意味合いを含むために、なるべく使用を避けるべきです。が、ヤマジーの場合、白人が規定した概念である「部族（tribe）」という用語を用いて、自分の属する集団を指して「白人的でない、伝統文化をきちんと守っている」というような意味をこめて「部族（tribe）」という語をよく用いますので、本書では彼ら自身の用語選択を示したい場合にのみ用いることにします。

（3）Badimaya など言語集団名の綴りは、「ヤマジー言語センター」の文書に拠っています。また、ローラが教えてくれた単語の綴りは、彼女が書いた通りに記述しています。

（4）「法（the Law）」は、森羅万象（世界・宇宙観）からアボリジニの生活規範までを含みこむ大変広い概念です。現在のヤマジーが「法に従って生きる（go through the Law）」と言う場合は、ごく概略的に説明するなら、特に男性がイニシエーション（成人儀礼）をきらんと受けて、「法」の諸規則を守り、また、ヤマジーの世界観に従って大地の世話をして生きるというような意味で用いられます。

（5）ディジャリドゥ（didjeridu）は、一メートル位の長い真っ直ぐな木製の笛で、演奏にはかなりの技術を要します。千年以上もの歴史があるといわれ、もともとは北はカーペンタリア湾からダービィ、南はウェーブ・ヒルあたりで盛んに用いられていた楽器で、それ以後ヨーク半島南部に広がり、中央オーストラリアや、その他の地域へ広がったのは今世紀に入ってからのことです。

（6）これは、親同士が決めた約束による結婚という意味です。伝統的な婚姻規則がどんどん変化していた中で、この時期に行われていた形の婚姻です。

（7）「法」に従った生活をするためには、必ずこれを経験せねばなりません。男性の成人儀礼は女性には秘儀とされ、女性の成人儀礼は男性には秘儀とされます。

（8）「ブラックフェラ（Blackfella）」は、アボリジニ英語で、英語の「Black fellow」と同義です。アボリジニが「白人たち（Whitefella）」に対して「黒人仲間」というような意味で用いますが、白人が使う場合は侮蔑の意味が含まれる場合があります。同様にアボリジニが白人を「ホワイトフェラ」と呼ぶ場合には、やはり、侮蔑の意味をこめている場合があります。

(9)「純血 (full blood)」とか「混血 (half caste)」という用語は、差別的な意味合いが強い語として通常使うべきではないとされている用語ですが、ヤマジー自身はかなり頻繁にこの語を用います。本書では語り手の意識を尊重するためにこのまま用いました。

(10) ビルニュ (bilyunu) というのは、ワジャリ語で「婚約」の意味。婚姻規則に則った婚約の儀礼では、将来の花嫁になる少女（八、九歳が普通）を父親が抱いて、並んで座っている花嫁・花婿双方の親族の男たちの膝の上に順々に乗せていき、最後に将来の夫となる男性の膝に乗せたそうです。ただし、これは現在、この儀礼についての記憶がある老人たちによる描写であり、白人入植以前から、全く同じ形であったかどうかは不明です。

(11) Fink, R. A. 1960 The Changing Status and Cultural Identity of Western Australian Aborigines : a Field Study of Aborigines in the Murchison District, Western Australia 1955–57. Unpublished Thesis.

あとがき

光陰矢のごとし。不安をいっぱい抱えながら、はじめてオーストラリアの大地を踏んで、あっという間に十年がたってしまいました。当時、私は大学院で文化人類学を学びながら、一方で初めて物語の本を出版し、作家としての第一歩を踏み出したところでした。それまで夢に過ぎなかった「作家」という道が突然目の前に開け、たとえ不安定でも、作家の道に専念しようかという思いが胸に湧《わ》きあがっていました。

しかし、文化人類学の魅力もまた、どうしても私をとらえて離さなかったのです。とくに異文化のなかで暮らすフィールドワークに魅力を感じていました。修士課程の頃経験した沖縄や青ヶ島での調査は、無意識に見過ごしてきたものの、その奥にあるものを垣間見せてくれたからです。調査地をオーストラリアへと転換して、とうとう十年間、二足の草鞋《わらじ》を履く生活を続けて今に至ってしまいました。

作家としての創作活動と、文化人類学の研究には似通っているところが随分あります。

日常生活は、「慣れ」によって、安らぎを私たちに与えてくれています。遊ぶことや食べること、家族や友人とつきあうことを、いちいち「これはどういう意味をもつことなのか」などと考えていたら、しょっちゅうつまずきながら歩いているようなもので、暮らしにくくてしかたありません。呼吸するように無意識に過ごしているからこそ、私たちは日々を暮らしていけるのでしょう。

けれど、時に、こういう「ふだんのこと」をふり返ってみると、思いがけない様々なものが見えてきます。「あたり前のこと」の下に「あたり前を成り立たせていること」を見る経験の積み重ねなしには、新鮮な物語を書くことはできません。そして、これを知る作業こそ、人類学の最も基本的な作業なのだと私は思っています。ただ、そうして得たことを、どう表現するか、というところから、この二つは道を分かっていくように思います。

私は物語で何かを表現する場合、その伝えたい何かが最も効果的に見えるように「舞台を創造して整えて」いきます。そうすることで表現し、他者に伝えていくわけです。

しかし、文化人類学で何かを伝えたい場合は、その何かが生じている（あるいは存在している）舞台を、表現者は「創造」するわけにはいきません。むしろ逆で、その「舞台」を、なるべく自分が受け取った情報のままに克明に描写することで、他者に伝えるのです。その「何か」が、その「舞台」のなかで、どんな風に存在しているのかを、縦横斜めから見て、さらに様々な情報を用いて、「こう見えた」と伝えねばなりません。

表現という手段がそこに入る以上、その情報の伝達は物理の実験のような客観性はもちえませんが、しかし、理解というのは、もともとコミュニケーション（人と人だけでなく、人と周囲の世界との間のコミュニケーションも含めて）によって成り立つものですから、その方法でも充分に意味はあるのだと思っています。

アボリジニと触れ合ううちに、本当に多くのことを実感として学びました。「人が語る」ということの曖昧《あいまい》さも、そのひとつです。よくいわれていることですが、人の記憶も解釈も、その時々で変化する可能性を秘めています。この間こう言った、と記録しても、次の機会に再度確かめてみると話が随分変わっているというのは、じつによくあることなのです。そういう経験をしてくると絶対普遍（あるいは不変）の真実よりも、「その時、その場での真実」の方が実生活のなかではずっと現実的なのではないかな、と思えてきます。

恐ろしいのは、それを「本」で表現してしまうと、そういう曖昧で変化しつづけていることが、まるで写真を焼きつけたように、ひとつの変わらない姿として固定化してしまうことです。変化をそのままに表現する方法があるのかもしれませんが、少なくとも私の力量ではそれは無理で、調査を始めてから、この本を書こうと思うまでに長い時間がかかってしまった理由もそこにあります。

そんなに長いこと悩んだ結果がこれ？　と笑われてしまいそうですが、未熟でも、あえて書こうという気もちになったのは、調査を続けていくうちに、「ステレオタイプの民族イメージ」がもつ恐ろしさを、切実に感じ始めたからでした。

オーストラリアの主流社会が描く「アボリジナル・イメージ」は、常にアボリジニたちを枠にはめ、その暮らしを縛りつづけてきました。あるときは「自然淘汰される運命にある未来のない劣等人種」として、またあるときは「高貴なる自然の民」として。

自分たちの実感とはかけ離れた、そうしたイメージに翻弄されるアボリジニもいれば、自民族にプラスになるイメージを利用したり、その姿によって誇りを得ようとするアボリジニもいます。しかし、いずれにせよ「個人の顔の見えない、塊としての民族イメージ」というのは、誤解と偏見と軋轢《あつれき》を生む可能性のあるものであることは確かでしょう。

ローラやマリアンは、「腰布姿で槍を持ったアボリジニでない、私たちみたいなアボリジニもいるんだってことを日本の人たちに伝えて」といいました。そして、わざわざ古い写真を探し出して渡してくれたり、大勢の人に会わせてくれたり、本当に惜しみない努力を私のためにはらってくれました。

「はるか遠くに住む自然の民アボリジニ」という固定化されたイメージでない、たったいま地球の裏側で日々の暮らしを営んでいる人間としてのアボリジニの姿を感じていただけたら、彼女らの無償の尽力に少しでも応えられるのではないかと思っています。

彼女らをはじめ、私を助けてくださった多くのオーストラリアの友人たちと、本書を刊行に導いてくださったタフで明るい編集者、磯さんに、心から大感謝！

二〇〇〇年三月

上橋菜穂子

文庫版あとがき

本書が生まれてちょうど十年目の今年、めでたく「ちくま文庫」に入れていただけることになりました。ほんとうに、ありがたいことです。

再び世に出るとなれば、ちょっとは見栄えを良くしたいと思うのが親心というものですが、こういう本は「その時」を留め置いていることでの輝きがあるものですから、大幅な手直しをするのはやめました。手を入れはじめると、きりがありませんし。

ただ、読み直してみると、ほんの数箇所ですが、あ、ここは勘違いされてしまうかな？　と思うようなところがありましたので、そこだけ加筆修正をしています。後はすべて出版当初のままです。

それにしても、本書が世にでてから、もう十年も経ったのですね。十年という歳月は長いようで短く、でも短いようで長い。この十年の間にこの本に登場している人々にも、多くの変化が起きました。

人が逝くのは世の常ですが、マリアンの父ジョンは老衰で、そして、知識の宝庫であった心優しきローラの姉のマリアは糖尿病が悪化して世を去り、いまはもう、あの温かい、ちょっとはにかんでいるような微笑を見ることはできません。

その一方で、マリアンの次女ニキーは元気な赤ちゃんを産み、ローラのふたりの息子たちも子沢山で、まだ五十代のローラは、お祖母《ばあ》ちゃん、お祖母《ばあ》ちゃんと呼ばれて、ニコニコしています。

こういう暮らしの中の変化は、どこでもみな同じように起こり、私たちはその波をかぶり、乗り越えながら生きていくわけですが、「アボリジニ社会」に目を転じれば、この十年の間に打ち寄せた波は、ある意味で、人類の社会というものの縮図に見えるものでした。

本書が最初に世に出た二〇〇〇年は、シドニー・オリンピックの年でした。あの開会式を覚えておられるでしょうか。アボリジニであるキャシー・フリーマン選手が聖火の点灯を行い、アボリジニを尊重したパフォーマンスが行われましたから、あれを見た人たちは、ああ、オーストラリアでは先住民はこれほど認められた存在になっているのだな、と感じられたかもしれません。

しかし、あのとき、オーストラリア国内では、あのパフォーマンスに対する複雑な批判も起きていたのです。なぜなら、当時オーストラリアでは、ネオ白豪主義と呼ばれるような保守的な動きが鮮明になり、それまで進んでいた先住民の権利を守る動きがことごとく変化させられてしまった「バックラッシュ」の時代が訪れていたからで、アボリジニの権利を擁護しようとする人々にしてみれば、あのパフォーマンスは国内の実情を覆い隠し、対外的に良い顔をしてみせたものに見えたわけです。

白豪主義から多文化主義へと変化していく時代の波に乗って、アボリジニの状況は少しずつ見直され、試行錯誤を繰り返しながらも、その社会的な在り方は改善されつつあったのですが、その状況に「揺り戻し」ともいえる現象が起きていたのです。

一九九〇年代、オーストラリアでは、アボリジニに関するオーストラリアの新史観を、ブレイニーが「喪章をつけた歴史観（black armband history)」と呼んで批判するという動きが起きました。「過去の歴史をとりあげて苦情を言われつづけるのは、もううんざり」という気分になっていた白人たちや、マボ判決に不安を抱いた人々にとっては、これは我が意を得たり、という批判だったのでしょう。アボリジニ側に向いていた波が、今度はザァッと白人側に向く、という現象が起きていくのです。

一九九六年に政権を握ったハワード首相は、もともと多文化主義への批判、先住民政策批判をしていた人ですから、この政権での政策は、ブレイニーの歴史批判と強く同調していきます。この政権下でネオ白豪主義は鮮明化し、ハワード政権は「盗まれた世代」に対する国家としての公式謝罪を拒み、先住民政策を次々に転換させていくのです。あのシドニー・オリンピックは、そういう政権のもとでの祭典だったのです。「先住民を特別待遇せず、他のオーストラリア国民と同じ扱いにする」という「先住民の主流化」を推し進めたハワード政権は、一見「公平」に見えるかもしれません。波が起きているときは物事が一色に見えてしまいがちです。その「色」の裏に隠れている複雑で多様な色は、とても見えづらくなります。

いま生きている人々がどんな歴史を辿ってここにいるのかを詳細に知り、冷静に、多面的に状況を見て取る目をもっていないかぎり、「白人と同じ扱いをすること」が、実は決して「平等」ではないのだ、ということに気づくことが難しくなってしまうのです。

オーストラリアには、しかし、そういう「目」をもち、しかも、状況を変えるために議論を尽くし、行動をすることを厭わない人々がたくさんいます。実際、ハワード政権に代わって政権を握ったラッド労働党政権は、二〇〇八年、オーストラリア政府としてはじめて、「盗まれた世代」に対する公式な謝罪を行いました。

波は揺れては返し、返しては揺れを繰り返しています。

波はいつも「誰か遠い人たち」が起こしているように思えるものですが、でも実は日々の暮らしをふつうに送っている、ひとりひとりの思いや行動が、寄り集まって、いつしか大きなうねりになって、生じているのです。

異なる文化をもつ人々が共に暮らしていくなかで生じる波は、一瞬のうちにネットや電波に乗って世界中を巡り、世界中の人々の思考に影響を与えていきます。

アボリジニは、日本人にとっては地球の裏側にいる人々ですけれど、彼らがかつて受けた波、いま受けている波、いま起こしている波は、私たちのもとまで打ち寄せてきていますし、私たちが起こした波もまた、彼らに届いていくのです。

そういう意味では、世界中どこに住んでいる人々も、私たちにとって「お隣さん」なのかもしれません。

ここ数年、作家業の方が猛烈に忙しくなってしまって、最近はなかなかフィールドに出ることもできなくなってしまいましたが、それでも二十年以上研究をつづけ、このような本を出すことができたのは、ひとえに、私を家族のように温かく迎えいれてくれたアボリジニの友人たちのお陰です。

十年前『隣のアボリジニ』が出たとき、マリアンやローラにも謹呈したのですが、彼女らはとても喜んでくれて、いまも遊びにいくと、たくさんの人に見せるのでよれよれになった本書が、本棚にちょこんとささっています。彼女らが私にくれたもののお返しをするには、あまりにもささやか過ぎるものですが、それでも、この本が彼女らに喜んでもらえたことは、私にとって大きな喜びでした。

日本においても、多くの方々が私の研究をたすけてくださいました。大学時代からの指導教官青柳真智子先生、博士論文を指導してくださった豊田由貴夫先生、栗田和明先生、博士論文の副査を引き受けてくださり、多くの側面で支えてくださった窪田幸子先生、多くの貴重なご助言をくださった小山修三先生、松山利夫先生、杉藤重信先生、久保正敏先生、細川弘明先生、鎌田真弓先生、鈴木清史先生、作業のすべてを支えてくれた西巻丈児さん、そして、突然オーストラリアのブッシュに飛んでいってしまう私を、心配しながらも支えてくれた家族に、心からの感謝を捧げます。

最後に、大変お忙しい中、素晴らしい解説を書いてくださいました池上彰さん、『隣のアボリジニ』の文庫化の話をもってきてくださった磯知七美さん、そして、本書を見事に文庫に生まれ変わらせてくださった担当編集者の榊原大祐さんに、この場を借りてお礼を申し上げます。皆さんのお陰でこの本は新たな命を得ました。本当に、どうもありがとうございました！

二〇一〇年三月　我孫子にて　　　　上橋菜穂子

解説

池上　彰

オーストラリアのアボリジニの存在を世界に広く知らしめたのは、二〇〇〇年九月に開かれたシドニーオリンピックでのキャシー・フリーマンの行動だったのではないでしょうか。

陸上四〇〇メートルで金メダルを獲得した彼女は、オーストラリアの国旗と共にアボリジニの旗を体にまとい、トラックを一周しました。自身のルーツがアボリジニであることの誇りを示したのです。

では、その「アボリジニ」とは、どんな人たちなのか。この人たちについて「隣」に住み込んで実地に研究し、日本の読者に伝えようというのが、この本の趣旨です。まったく知識のない人のための導入編として、若干の説明をしておきましょう。

アボリジニは、英語の「aborigines」（原住民）という単語から来ています。イギリス人がオーストラリアを植民地にした際、先住民をひとくくりにして、こう呼んだのが語源です。もともとは失礼な呼び名なのです。

しかし、この本で上橋菜穂子さんが書いているように、実際には、二百五十以上もの独自の言葉を持つ人たちでした。

他者から勝手に「原住民」と名づけられた彼らですが、やがては、白人たちに対抗する自分たちの存在を、「アボリジニ」と自称するようになっていきます。自分という存在を、他者と比較することで自覚していくというプロセスが生まれたのです。

アボリジニの先祖は、五万年以上も前にオーストラリアに上陸した南インド系の人々というのが定説になりつつあります。

ここにイギリス人が入植するようになって、悲劇は始まります。十八世紀には三十万人以上いたとみられるアボリジニは、イギリスの植民地になることによって、一時激減しました。しかし、現在では約四十六万人にまで増え、オーストラリアの人口約二一〇〇万人の約二％を占める存在となっています。

イギリスがオーストラリアに最初に持ち込んだもの。それは、疫病でした。海によって他の大陸から隔絶されていたオーストラリアは、いわば〝無菌状態〟でした。ここにイギリスからやってきた人々は、さまざまな疫病を持ちこみました。自分たちは、かつて先祖が多数の死者を出しながら獲得した免疫によって守られていましたが、先住民は、こうした免疫を持っていなかったからです。多数の先住民が、突然の「奇病」によって死んでいきます。

これは、スペインが南米に、欧州各国が北米に持ち込んだのと同じパターンでした。北米大陸では、先住民のネイティブアメリカンたちが、ヨーロッパから持ち込まれた疫病で大量に死亡します。結果的に「主なき土地」が出現するのを見たイギリス人たちは、「神が私たちに土地を用意してくれた。私たちは神から選ばれた存在なのだ」と勝手に解釈したのです。

オーストラリアでも多数の死者を出した後に、アボリジニの人たちを襲ったもの。それは、「アボリジニ狩り」でした。

オーストラリアはかつてイギリス国内の罪人の流刑地になったこともあって、荒くれ者が多数移ってきたことがあります。これらの人々は、現地に住む人たちを、「自分たちより劣った者」とみなし、まるで動物のように「狩猟」の対象にしたのです。

これによって、アボリジニの人口は、さらに減少。一九二〇年頃には、七万人程度になってしまったとみられています。

この頃になってオーストラリア政府は、ようやく「保護」政策に切り替えます。とはいえ、この場合の「保護」とは、白人居住地区に住むアボリジニを、離れた場所に設定した「保護区域」に移住させるというものです。「保護」の名を借りた人種隔離政策でした。

アメリカでもかつて、先住民が、住んでいた土地を追われ、「居留地」に移住させられたことがあります。同じようなことが、ここでもあったのです。

当時のオーストラリアは、「白豪主義」をとっていました。白人優先主義と、非白人の移住禁止が内容でした。非白人は、白人居住地から追い出そうというわけです。

さらに、この時期、恐るべき政策が実行に移されました。「文化の遅れたアボリジニの親が子どもを育てると、子どもも遅れたままになるから、親元から引き離し、進んだ文化の下で育てよう」という政策です。この場合の「進んだ文化」とは、もちろんイギリスからの移民たちが持ち込んだ文化でした。

政府やキリスト教会によって、アボリジニの子どもの一割が親から引き離され、教会の寄宿舎などで生活させられました。しかし、実際には、孤児院のような施設に入れられた子どもたちも多かったようです。

この政策により、子どもたちは、自分たちの言葉も文化も失いました。アボリジニ文化の絶滅戦略でした。

この子どもたちは、アボリジニ文化を失ったことで、「盗まれた世代」と呼ばれています。

こうしたオーストラリア政府の方針は、一九六〇年代以降、緩やかながら修正が図られていきます。画期的だったのは、二〇〇八年二月にラッド首相によって行われた謝罪でした。

議会下院で、ラッド首相は、過去の政権が先住民に対して行った隔離政策について、「誇りある人々と文化が受けた侮辱を申し訳なく思う」と謝罪。首相が表明した謝罪文書は、下院で全会一致で採択されました。

しかし、政府が謝罪したからといって、アボリジニの人々を取り巻く環境が劇的に改善されたわけではありません。「保護」されてきたことによって、政府からの給付金で飲酒に浸るという生活を送っている人たちが多数存在するという現実は、この本の中にも出てきます。

著者の上橋菜穂子さんは、ファンタジー作家として知られていますが、実は文化人類学者でもあります。

この本では、アボリジニの人たちの文化や生活ぶりが生き生きと描かれています。そうした実情を知るための文化人類学的アプローチは、どのように行われるのかも、この本で知ることができます。

文化人類学の調査でむずかしいことのひとつは、調査することによって、調査対象を変えてしまいかねないということです。学者が調査することで、人々は、自分たちの行動を変えたり、質問者に迎合して研究者の誘導質問に応じたり、ということが起こりかねません。そもそも、遠い日本からの研究者を受け入れてくれるかどうかも定かではありません。

これは、テレビのドキュメンタリー番組の制作でも直面することの多い難問です。

そこで上橋さんが取った行動は、現地に住み込み、「隣人」としてアボリジニの人々と暮らすという方法でした。

それが、どのように実現していったのか。あなたは、上橋さんの思いを共有することができるでしょう。

と同時に、アボリジニとひとくくりにされる人々の、生の姿を目撃することができます。

他者を理解することは、自分自身を知ることでもあります。この本を読むことで、あなたは、あなた自身を知ることになるかも知れません。

（いけがみ・あきら　ジャーナリスト）

参考文献

綾部恒雄監修、前川啓治・棚橋訓編『講座世界の先住民族09 オセアニア』明石書店 二〇〇五年刊
窪田幸子・野林厚志編『「先住民」とはだれか』世界思想社 二〇〇九年刊
小山修三・窪田幸子編『多文化国家の先住民 オーストラリア・アボリジニの現在』世界思想社 二〇〇二年刊

本書は二〇〇〇年五月、筑摩書房より刊行された。

いのちと放射能　柳澤桂子

放射性物質による汚染の怖さ。癌や突然変異が引き起こされる仕組みをわかりやすく解説し、命を受け継ぐ私たちの自覚を問う。（永田文夫）

熊を殺すと雨が降る　遠藤ケイ

山で生きるには、自然についての知識を磨き、己れの技量を謙虚に見極めねばならない。山村に暮らす人びとの生業、猟法、川漁を克明に描く。

ダダダダ菜園記　伊藤礼

畑づくりの苦労、楽しさを、滋味とユーモア溢れる文章で描く。自宅の食堂から見える庭いっぱいの農場で〝伊藤式農法〟確立を目指す。（宮田珠己）

哺育器の中の大人［精神分析講義］　伊丹十三／岸田秀

愛や生きがい、子育てや男（女）らしさなど具体的な問題について対話し、幻想・無意識・自我など精神分析の基本を分かりやすく解き明かす。（春日武彦）

こころの医者のフィールド・ノート　中沢正夫

こころの病に倒れた人と一緒に悲しみ、怒り、闘う医師がいる。病ではなく〝人〟のぬくもりをしみじみと描く感銘深い作品。（沢野ひとし）

本番に強くなる　白石豊

メンタルコーチである著者が、禅やヨーガの方法をとりいれつつ、強い心の作り方を解説する。「ここ一番」で力が出ないというあなたに！（天外伺朗）

自分を支える心の技法　名越康文

対人関係につきものの怒りに気づき、「我慢する」のでなく、それを消すことをどう続けていくか。人気精神科医からのアドバイス。長いあとがきを附す。

加害者は変われるか？　信田さよ子

家庭という密室で、DVや虐待は起きる。「普通の人」がなぜ？　加害者を正面から見つめ分析し、再発を防ぐ考察につなげた、初めての本。（牟田和恵）

人生の教科書［人間関係］　藤原和博

人間関係で一番大切なことは、相手に「！」を感じてもらうことだ。そのための、すぐに使えるヒントが詰まった一冊。（茂木健一郎）

バナナの皮はなぜすべるのか？　黒木夏美

定番ギャグ「バナナの皮すべり」はどのように生まれたのか？　マンガ、映画、文学……あらゆるメディアを調べつくす。（パオロ・マッツァリーノ）

沈黙博物館　小川洋子
「形見じゃ」老婆は言った。死の完結を阻止するために形見が盗まれる。死者が残した断片をめぐるやさしくスリリングな物語。（堀江敏幸）

星間商事株式会社社史編纂室　三浦しをん
二九歳「腐女子」川田幸代、社史編纂室所属。恋の行方も友情の行方も五里霧中。仲間と共に「同人誌」を武器に社の秘められた過去に挑む!?（金田淳子）

つむじ風食堂の夜　吉田篤弘
それは、笑いのこぼれる夜。――食堂は、十字路の角にぽつんとひとつ灯をともしていた。クラフト・エヴィング商會の物語作家による長篇小説。

通天閣　西加奈子
このしょーもない世の中に、救いようのない人生に、ちょっぴり暖かい灯を点す驚きと感動の物語。第24回織田作之助賞大賞受賞作。（津村記久子）

この話、続けてもいいですか。　西加奈子
ミッキーこと西加奈子の目を通すと世界はワクワク、ドキドキ輝く。いろんな人、出来事、体験がてんこ盛りの豪華エッセイ集！（中島たい子）

君は永遠にそいつらより若い　津村記久子
22歳処女。いや「女の童貞」と呼んでほしい――。日常の底に潜むうっすらとした悪意を独特の筆致で描く。第21回太宰治賞受賞作。（松浦理英子）

アレグリアとは仕事はできない　津村記久子
彼女はどうしようもない性悪だった。すぐ休み単純労働をバカにし男性社員に媚を売る。大型コピー機とミノベとの仁義なき戦い！（千野帽子）

まともな家の子供はいない　津村記久子
セキコには居場所がなかった。うちには父親がいる。うざい母親、テキトーな妹。まともな家なんてどこにもない！　中3女子、怒りの物語。（岩宮恵子）

こちらあみ子　今村夏子
あみ子の純粋な行動が周囲の人々を否応なく変えていく。第26回太宰治賞、第24回三島由紀夫賞受賞作。書き下ろし「チズさん」収録。（町田康／穂村弘）

さようなら、オレンジ　岩城けい
オーストラリアに流れ着いた難民サリマ。言葉も不自由な彼女が、新しい生活を切り拓いてゆく。第29回太宰治賞受賞・第150回芥川賞候補作。（小野正嗣）

冠・婚・葬・祭　中島京子

人生の節目に、起こったこと、出会ったひと、考えたこと。冠婚葬祭を切り口に、鮮やかな人生模様が描かれる。第143回直木賞作家の代表作。（瀧井朝世）

とりつくしま　東直子

死んだ人に「とりつくしま係」が言う。モノになってこの世に戻れますよ。妻は夫のカップに弟子は先生の扇子になった。連作短篇集。（大竹昭子）

虹色と幸運　柴崎友香

珠子、かおり、夏美。三〇代になった三人が、人に会い、おしゃべりし、いろいろ思う一年間。移りゆく季節の中で、日常の細部が輝く傑作。（江南亜美子）

星か獣になる季節　最果タヒ

推しの地下アイドルが殺人容疑で逮捕!? 僕は同級生のイケメン森下と真相を探るが――。歪んだピュアネスが傷だらけで疾走する新世代の青春小説！

ピスタチオ　梨木香歩

棚（たな）がアフリカを訪れたのは本当に偶然だったのか。不思議な出来事の連鎖から、水と生命の壮大な物語「ピスタチオ」が生まれる。（管啓次郎）

図書館の神様　瀬尾まいこ

赴任した高校で思いがけず文芸部顧問になってしまった清（きよ）。そこでの出会いが、その後の人生を変えてゆく。鮮やかな青春小説。（山本幸久）

マイマイ新子　髙樹のぶ子

昭和30年山口県国衙。きょうも新子は妹や友達と元気いっぱい。戦争の傷を負った大人、変わりゆく時代、その懐かしく切ない日々を描く。（片渕須直）

話虫干　小路幸也

夏目漱石「こころ」の内容が書き変えられた！ それは話虫の仕業。新人図書館員が話の世界に入り込み、「こころ」をもとの世界に戻そうとするが……。

包帯クラブ　天童荒太

傷ついた少年少女達は、戦わないかたちで自分達の大切なものを守ることにした。生きがたいと感じるすべての人に贈る長篇小説。大幅加筆して文庫化。

うれしい悲鳴をあげてくれ　いしわたり淳治

作詞家、音楽プロデューサーとして活躍する著者の小説&エッセイ集。彼が「言葉」を紡ぐと誰もが楽しめる「物語」が生まれる。（鈴木おさむ）

ちくま文庫

隣《となり》のアボリジニ　小《ちい》さな町《まち》に暮《く》らす先住民《せんじゅうみん》

二〇一〇年九月十日　第一刷発行
二〇二二年七月十五日　第六刷発行

著者　上橋菜穂子（うえはし・なほこ）
発行者　喜入冬子
発行所　株式会社　筑摩書房
東京都台東区蔵前二―五―三　〒一一一―八七五五
電話番号　〇三―五六八七―二六〇一（代表）
装幀者　安野光雅
印刷所　三松堂印刷株式会社
製本所　三松堂印刷株式会社

ISBN978-4-480-42727-4 C0139